紹興大典 史部

康熙紹興府志 5

中華書局

紹興府志卷之二十四

祠祀志附圖

金庭觀圖

金庭觀圖
金庭觀
墨沼

羲之墓
鵞池

紹興府志卷之二十四

祠祀志六

觀　宫　道院　殿

觀

府城内佑聖觀在卧龍山東麓前瞰箪醪河岸側有則水牌嘉靖二十年知府張明道改創大節祠後又改爲徵愛祠然士人猶稱其地爲佑聖觀前隷山陰

長春觀在府東南三里陳武帝捨宅建初名思眞宋太平興國九年州乞改額乾明以聖節祝至尊壽從

之天聖中章獻后遣中使修建用玉清昭應宮别殿規式將成時羨材尚多中使謂主觀道士曰當爲奏陳别建道院於東偏道士唯唯而已他日復言之又不對中使不懌遂已道士者惜不知其姓名崇寧二年改崇寧萬壽政和三年改天寧萬壽别置一殿奉徽宗生命號景命萬年殿紹興十二年改報恩光孝因景命殿專奉祠徽宗有黄屋御洛之稱元更今名後燬明洪武四年重建本府道紀司寓焉嘉泰志云會稽天寧觀老何道士喜栽花釀酒以延客居於觀之東廊一日有道人狀貌甚偉欵門求見善談論喜作大字何

欣然接之留數日乃去未幾有妖人張懷素號張落托者謀亂乃前日道人也何亦坐繫獄以不知謀得釋自是畏客如虎杜門絕往還忽有一道人亦美風表多技術觀之西廊道士曰張若水介之來謁何大怒曰我坐接無賴道人幾死於囹圄豈敢復見汝耶因大罵闔扉拒之而此道人蓋永嘉人林靈噩也旋得幸貴震一時賜名靈素平日一飯之恩必厚報之若水乘驛赴闕命以道官至蘂珠殿校籍視殿修撰父贈朝奉大夫母封宜人又云政和後道士有賜玉方符者其次則金方符長七寸濶四寸面爲符背鑄御書曰賜某人奉以行教有違天律罪不汝貸結於當心每齋醮則服之會稽天寧萬壽觀有老道士盧浩眞者嘗被金符之賜（宋陸游修觀疏）天覆地載之閭飲啄皆由於道蔭岐行喙息之類涵濡悉荷於國恩豈獨忠義之心人人具有抑亦生成之賜物物皆同永惟光孝之道場實薦徽皇之飈御神祠佛剎尚嘗繕之相望琳館珍臺豈修崇之可後

明眞觀在府東北二里賀知章行館也宋乾道中史浩奏移千秋觀舊額建其中爲三清殿兩廡分享前代高尚之士凡四十一人故俗謂之先賢堂又名鴻熙觀永樂中改今額（宋陸游修觀疏）一曲澄湖千秋古觀瓊樓玉宇正須月斧之修蘂笈瑯函未及雲章之奉至於傑閣翬飛於天半長橋虹臥於波心皆擬繕營用成勝絶况丞相肇新於眞館與邦人仰禱於帝齡覆載之間共陶化日髮膚之外皆是聖恩願垂不朽之名更效無疆之祝（明王埜詩）賀監風流去不回千秋宫觀出塵埃數章喬木着濃蔭一曲舊亭空綠苔吊古人來惟短棹步虛聲杳落層臺不知敕賜黄冠後誰繼淸風自後來

天慶觀在府學東唐之紫極宫也宋名承天觀相傳

卽徐偃王所居之翁洲大中祥符元年正月乙丑天書降承天門以其日爲天慶節二年十月詔州府軍監關縣擇建道觀一所並以天慶爲額蓋用節名也於是州以承天應詔建炎三年高宗駐蹕越州十一月癸亥刻聖御容至自東京迎于觀中奉安焉元改元妙觀以上隸會稽

會稽天長觀在五雲門外唐天寶三載秘書監賀知章辭官入道捨宅爲觀號千秋觀七載改今額初開元十七年從羣臣請以八月五日上降誕日爲千秋

節觀蓋用節名後改千秋節爲天長地久節觀名從之嘗有道士携草屨數十緉坐觀門有過者輒與之已而得屨者或有脚疾或骭瘍着之皆頓愈競相傳布而道士已失所在故至今俚俗謂天長爲草鞋宫殿上像設奇古傳以爲唐代所塑如麻姑浮丘伯等皆他宫觀所無郡人謂之土寶又殿東有小銅鐘範製甚奇聲尤清圓遠聞非凡鐘比嘗樸損匠者鋸爲大鎛聲乃如故汝陰王廉潛作八分書於鐘上惜其不爲人所知旋徙於他所矣今廢縣志曰越人相傳明眞觀即賀監宅

然所謂鑑湖一曲者觀中蓋無此景則嘗疑之今考前志乃知賀鑑宅在五雲鄉其他風景宛然如昔而宅乃爲河泊之廢署也（宋陸游詩）縱轡不嫌遠逢山猶一登夕陽波渺渺殘雪塔層層折竹橫遮道飢烏下啄冰欲歸還少住倚杖對崚嶒

諸暨乾明觀在長山之麓宋紹興中建

餘姚祠宇觀在四明山本劉樊夫婦飛昇之所莫詳其始建歲月唐天寶三年以其地險遠移建於瀑布嶺下遂名白水宮宋政和六年詔建殿宇蠲其雜賦今廢（唐孟郊送蕭鍊師詩）閒於獨鶴心大於青松年迥出萬里表高棲四明巔千尋合抱樹百尺倒掛泉絳雪爲我飯白雲爲我田靜言不語俗靈跡時步天（施肩吾詩）萬壑歸源瀉石湫洞天名不下瀛洲

聲聞大地玉龍吼勢接碧空銀漢流道院晝陰微雨
集斗壇秋冷濕雲浮山翁指點青松外曾見仙人跨
鶴遊〔又憶四明山人〕愛彼山人石泉水幽聲夜落虛
窓裏至今憶彼臥雲時猶自涓涓在人耳〔寄四明山
子〕高樓只在千峯裏塵世望君那得知
長憶去年風雨夜向君窓下聽猿時

上虞明德觀在縣東門外宋寧宗后父楊漸之故宅
也嘉定十五年築三清閣命鹿泉劉眞人主之元至
元二十一年改閣爲觀大德四年燬于火惟閣獨存
後亦就圮明初復新今爲都道場所

元妙觀在金罍山漢魏伯陽宅也宋大中祥符二年
改額天慶元末燬明成化八年知縣黃錦命明德觀

道士葉廷歘重建（明朱袞詩端居厭糾紛興懷拾小草仙凡豈殊方人境有別島石瑤靜年芳羽化迹如掃緬懷少小遊呫嗶事文藻倦游安故棲頻過恣幽討音徽拭松風鶴唳和穹昊銀飛是何物雲霞本娟好我非金石姿誰謂拙身早焚香玩參同無憂泊華皓）

嵊桃源觀在縣北通越門内唐武德八年建太清宮後廢漢乾祐三年重建有山門兩廡大殿層樓攺今額按舊錄云吳越時有東都帖曰桃源觀宮主靈逸大師陸契眞乞以錢本回運香油本審剡縣太清宮所被三清大師作眞聖宮北帝院使用則是時太清宮尚存又與桃源觀别爲一區矣（宋沈遘贈剡谿桃源宮王道士詩我

昔剡溪遊道人一相遇重來十歲餘顏色宛如故顧我命衰早鬢毛已蒼然乃知世上榮不若山中閑道人家東都問奚不歸北北方多風塵素衣化爲黑斯言共所信吾志亦江湖瀟灑會稽守平生欣莫如君恩容苟安願奉三年計幸爾數到城閒談北方事〔張器之詩〕宿雨初收月露文模糊影動未全分羅衫拂影桃花落藜杖穿雲柳絮紛仙馭珩璜鳴秘館簫聲瑤調隔黎雲却懷採藥劉郎處一徑蒼苔鎖夕曛

又新昌東岬山下流河嶺北亦有桃源觀四面皆山一徑斜入桃花千樹松栢陰森雖夏無暑中有環松軒〔宋周必大與會稽章頴訪石天民編修遇雨詩〕桃源佳致絕塵埃惟有桃花樹樹開曉雨乍晴香作陣曉霞相映錦成堆觀中道士多幽趣席上詩翁試逸才劉阮欲尋仙子跡不須採藥到天台〔章頴詩〕繞觀參天萬樹松倚欄時見翠重重一埛曉霧浮天外半夜秋濤落枕中莫雨斷猿愁羃歷夕陽飛鳥度屏

風採苓欲問長生訣
只恐雲迷路不通

金庭觀在金庭山舊傳晉王右軍捨宅爲觀初名金眞觀後改金眞宮宋齊間褚伯玉居此三十年後遊南嶽霍山復歸謂弟子曰吾從此去十旬當逝及期而終唐高宗時賜名金庭觀宋宣和七年改崇妙觀

齊孔稚珪褚先生碑　河洛摛寶神道之功可傳嵩華吐秘仙靈之迹可覩蓋事詳於玉牒理煥於金符雖冥然難源顯晦異軌測心觀古可得而言焉是以子晉笙歌馭鳳於天海王喬雲舉控鶴於元都亦以羽蛻蟬蠲影遁形銷神者翥帝宮迹留劍杖遊瑤池而不返宴元圃以忘歸永嘉惡道者窮天地之險也歙賨過日折石橫波飛浪突雲奔流急箭先生扳途躋阻宿棲涉圻而衝飈夜鼓山共暴激忽乃崩舟墜壑一

裂千仞飄地崙嵩翻透無底徒侶判其冰碎舟子悲其雹散危竟中夜赴阻相尋方先生恬然安席銘曰關西升妙洛右飛英鳳吹金闕簫歆玉京絕封萬古乃既先生先生浩浩惟神其道泉石依情烟霞入抱秘影窮岫孤栖幽以心圖上元志通大道縣舊志曰按東岡志南史褚伯玉隱剡瀑布山齊高帝召之辭敕於剡白石山立太平館舍之孔稚珪從其授道爲於館立碑今瀑布在剡西太白山上白石山或者卽太白山山下有太平鄉館宜在彼若與金庭觀不相當而唐裴通云南齊永元二年道士褚伯玉啓高宗明皇帝於此山置金庭觀正右軍之家也稚珪之碑無明文可據方外之事承訛襲謬不可復考姑志於此〔梁〕沈約金庭館碑銘夫生靈爲貴有識斯同道奚云及終天莫反故仙學之秘上聖攸尊啓玉笈之幽文貽金壇之妙訣駐景濛谷還光上枝吐吸烟霞變練丹液出没無方升降自已下栖洞室上賓羣帝覩靈岳之縣啓見滄波之屢竭望元州而駿驅指蓬山而永騖芝蓋三重鸞螭龍之蜿蜒雲車萬乘載旗旆

之遂迤此蓋棲靈五岳未暨夫三清者也若夫上元
輿遠言象斯絕金簡玉字之書元霜絳雪之寶俗士
所不能窺學徒不敢輕慕且禁誓嚴重志業艱劬自
非天禀上才未易可擬自惟凡劣識鑒鮮方徒抱出
俗之願而無致遠之力早尚幽棲屏棄情累留愛巖
壑託分魚鳥塗愈遠而靡倦年既老而不衰高宗明
皇帝以上聖之德結宗元之念志其非薄曲賜提引
末自夏汭固乞還山權憇汝南懸境固非息心之地
聖上纘曆復蒙縶維永泰元年方遂初願遂遠出天
台定居茲嶺所憇之山實惟桐栢實靈聖之下都五
縣之餘地仰出星河上參倒景高崖萬沓邃澗千迴
因高建壇憑巖考室飭降神之宇置朝禮之地桐栢
所在厥號金庭事爲靈圖因以名館聖上曲降幽情
留信彌密置道士十人用祈嘉祉越以不才首膺斯
任永棄人羣竄景窮麓結懇志於元都望霄容於雲
路仰宣國靈介茲景福延吉祥於清廟納萬壽於神
躬又願道無不懷澤無不至幽荒屈膝蠻貊稽顙息
鼓輟烽守在海外因此自勉兼遂微誠日久勤劬自

强不已翹心屬念晚臥晨興飡正陽於停午念孔神
於中夜將三芝之而延佇飛九丹而宴息乘鳬輕舉留
舄忘歸以玆丹欵表之元極無曰在上日鑒非遠銘
石靈館以旌厥心其辭曰道無不在若存若亡於惟
上學理妙群方用之曰損言則非常儵焉靈化羽變
蜺裳九重嵬嵬三山璀璨日爲車馬芝之成宮觀虹旌
拂月龍輈漸漸萬春方華千齡始旦伊余非薄竊慕
隱淪尋師請道結友問津東探震澤西遊漢濱依稀
靈春髣髴幽人帝明紹曆惟皇纂位屬心鼎湖脫屣
神器降命凡底仰祈靈秘瞻彼高山興言覆簣啓基
樹栢厥號金庭喬峯迴峭壁漢分星臨雲罝蟬駕昔
開欞斕塗蹇產林祈葱青誰謂應遠神道微密慶集
宮闈祥流罕畢其久如地其恒如日壽同南山與天
無卒史生變煉外示無功少君飛轉密與神通因貲
假力輕舉騰空庶憑嘉誘永膺微貺〔游沈道士金庭
館詩〕秦皇御宇宙漢帝恢武功歡娛人事盡情性猶
未充銳意三山上託慕九霄中既表祈年觀復立望
仙宮寧爲心好道直由意無窮曰余知止足是願不

須豐山嶂遠重疊竹樹近蒙籠鼎襟濯寒水鮮[illegible][illegible][illegible]清風所累非外物爲念在元空朋來掘石體賓至駕輕鴻都令人徑絕惟使雲路通一舉凌倒景無事適華嵩寄言賞心客歲暮爾來同（唐張說金庭觀詩）元珠道在俗難求海變須數髩不秋他日洞天三十六碧桃花發共師遊（僧小白詩）羽客相留宿上方金庭風月冷如霜直饒人世三千歲未抵仙家一夜長（羅隱送裴饒歸會稽詩）金庭路指剡山隈珍重良朋自此來兩髩不堪悲歲月一巵猶得話塵埃家通曩分心空在世逼橫流眼未開笑殺山陰雪中客等閑乘興又須廻（宋李易居剡寄鄭天和詩）金庭洞在桐柏山山高一萬八千丈中有神仙不死區郁郁黃雲覆其上透岩流壑繞四旁面勢參差皆意向雞登天姥有時聞鶴在沃洲何待放彩衣大勝宮錦袍白髮奉親仍縱賞興才爭出輔清朝爽氣自驚遊碧嶂古來無位有重名吾家薾仙陸魯望平生願到猶不諧剡復區區走俗世桃源康樂舊鄉存路接風烟甘遠往渡江正謂入華丹石筍飛泉歸指掌鸞翔鵠浴傳興

時列岫方池閑想像剡溪隨處可卜居乘輿扁舟正相訪〔明〕張璨詩金庭山接東海頭雨連華頂西浜洲地脉遙通海閒國天光鬱抱岩中樓仙家洞天三十六金庭正在神仙籙日觀霞宮縹緲聞雲窓霧閣透迤曲煉丹道士懷玉霄每於洞中候璈鸞輿或降赤松子鶴馭時來王子喬靈蹤一閟今千載羽蓋飆輪知何在五粒松枝不可攀三秀靈苗許誰采晉朝內史右將軍舊宅嘗寄玆山根清談已無舊賓客高致還遺賢子孫衣冠閥閱聞天表暇日邀予共探討石刻閒摩沈約碑墨痕猶記義之沼放鶴臺前春樹晴濯纓亭畔石泉清瑤草叢深臥馴鹿碧桃香煖聞啼鶯攀蘿陟巘窮幽谷盡日清幽殊不足一道飛泉瀉玉虹半畝清陰覆茅竹王郎手携九節笻雄詞宛有謫仙風香爐五老屹相向紫烟上羃金芙蓉壺觴晚就松下酌高朋滿座爭歡謔劇飲狂歌烏角巾高歌醉擲金錯落飲餘長嘯倚林䃭散作雲間鸞鵠聲裁詩復和神仙曲寫石共結烟霞盟青天月出興未盡携壺又欲花閒飲萬事須憑北海樽百年盡付醉

羈枕世情於我更悠悠但思方外覓丹丘遥遥瀛海安期棗渺渺扶桑徐市舟仙凡有緣並相隔偶墮行塵爲行役洞裏羣仙倘有招歸卧松雲燒白石

新昌眞聖觀在石鼓山宋紹興十四年知縣林安宅建中有石太傅遺像（明呂升詩）松梓發幽聲竹徑團秀色野人乘春閒鳥道不倦陟緬懷古君子再拜覩遺跡廻廊儼神像壞壁陰蘚蝕如何古名地屬此羽衣客顧我非異端感此長太息何當重居此閉門著方册

宮

天妃宮紹興一衛五所每一所領伍者十每一伍置宮者一臨山衛觀海衛三江所瀝海所三山所龍山所各置宮一祀其神以護海運郎瑛七脩類稿云

天妃莆田林氏女幼契元理知禍福在室三十年宋元祐間有殊異迨元至明並著靈於海如至元間萬戶馬合法忽魯循等洪武間漕卒萬人輩永樂間百戶郭保俱以海運成化間給事中陳詢嘉靖間給事中陳侃俱以奉使海國危矣而並以天妃免詢之免有兩紅燈數漁舟來引又與合藥以辟蛇害漂沉香木令詢得刻其像侃之免有火光燭舟數蝴蝶遶舟黃雀食柁上米食已風即順激曉一 閩午人定海事尤奇其號則忽魯循等奏賜者也

會稽龍瑞宫在宛委山下其旁爲陽明洞天宫有石刻龍瑞山界至記不知何人作乃賀知章書云宫自黄帝建候神館宋尚書孔靈産入道奏改懷仙館唐神龍元年再置開元二年敕葉天師醮龍見改龍瑞宫有龍見壇祈禱極感應宋嘉定十四年浙東提刑汪綱以旱來禱設醮于宫忽有物蜿蜒於壇上體狀殊異不類凡虺繼而雨如傾注後汪領郡事遂重建龍祠頗爲嚴飾又請於朝賜龍神廟額曰嘉應宫當會稽山南峯嶂道萃其東南一峰崛起上平如砥號

苗龍上昇臺苗龍者不知其名唐初人善畫龍得道仙去大抵龍瑞宜烟雨望之重峯疊巘圖畫莫及故鄉人語云晴禹祠雨龍瑞〔唐孫逖尋龍瑞詩〕仙穴尋遺跡輕舟愛水鄉溪流一曲盡山路九峯長漁火歌金洞江妃舞翠房遙憐葛仙宅眞氣共微茫〔同邢判官尋龍瑞觀歸湖中〕星使下仙京雲湖喜晝晴更從探穴處還作棹歌行絲竹荷風入簾幃竹氣淸莫愁歸路遠水月夜虛明〔方干詩二首〕縱目下看浮世事方知峭崿與天通湖邊風力歸帆上嶺頭雲根在雪中促韻寒蟲催落照斜行白鳥入遙空前人去後後人至今古興時登眺同〔又〕或雨或雲常不定地靈雲雨自無時世人莫識神方字仙鳥偏棲藥樹枝遠壑度年如晦暝陰溪入夏有凌澌此中惟有師知我未得尋師即夢師〔宋葉適汪提刑禱雨龍瑞宮詩〕感格執如汪仲舉步虛未了龍來語會稽秦望都洗青越人嗔作提刑雨

道院府城内太清蓬萊道院在卧龍山麓元延祐三年邑人孟成之捨地道士張元悟建明嘉靖十六年知府湯紹恩改名太乙仙宫二十一年知府張明道復題其額曰紫陽道院

玉虚道院在府東南二里元大德四年道士呂雷山建明弘治間道士馮廸元增脩

治平道院在府東南三里元大德四年里人溫平捨地道士徐仙翁建以上俱隷山陰

新昌崇眞道院在二十一都宋石廸之建始名棲霞淳祐

中陳雷改建名小蓬萊元至元中完顏重建改今名明楊居詩不識蓬萊路今知水上庵過橋珠樹列入室錦雲含白术香微動黃精露更甘道人陪客罷賣藥出城南

殿府城內雷殿在臥龍山上府城隍廟東

元帝殿舊在蓬萊閣下郡守汪綱移建臥龍山上崇善王祠前俱隸山陰

餘姚玉皇殿在大黃山絕頂

紹興府志卷之二十四終

紹興府志卷之二十五

武備志附圖

海防圖二
金家塈丘家洋地方係要衝明嘉靖三十五年倭賊登犯因議每年輪撥臨觀二衛兵船鱉泊蝌涔海洋盤詰今設防兵各守烽堠
龍山所城衝要明嘉靖三十四五等年倭賊登犯因以每年春汛撫院撥標兵防守丘家洋等處今部院提督撥有營兵防守
北至
高山烽堠
龍頭烽堠
伏龍山
金甏浦
石塘烽堠
龍山所
丘家洋
金家塈
東
鳳池湖
龍頭塲
慈谿縣

海
黃山
古窰地方明嘉靖三十三四年倭賊登犯因設哨船今惟撥兵防守
向頭烽堠
新浦烽堠
總臺烽堠
龍尾烽堠
蝦門
古窰庵
松浦港
龍尾烽堠
西
古窰烽堠
觀海衛近海明末撥臨山衛兵分哨平石等處今部院提督議以能將帶兵防守此寧紹兩府要地也
松浦巡司
觀海衛
把總司
施公山烽堠
白洋湖
杜湖

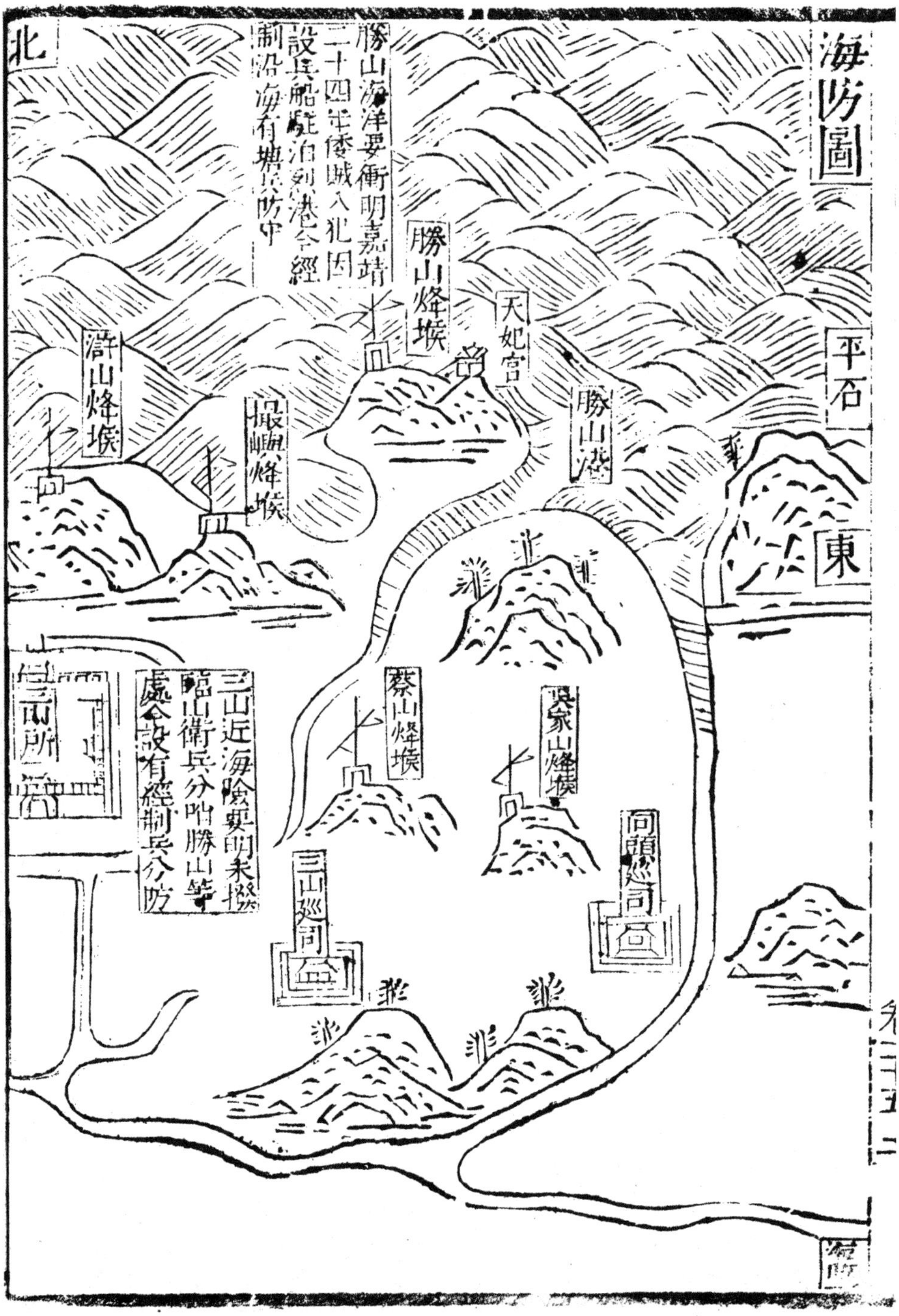

海防圖

北

勝山海洋要衝明嘉靖二十四年倭賊入犯因設兵船駐泊列港今經制沿海有塘兵防守

勝山烽堠

天妃宮

平石

滸山烽堠

最嶼烽堠

勝山港

東

三山近海險要明末撥臨山衛兵分哨勝山等處今設有經制兵分防

三山所

蔡山烽堠

吳家山烽堠

向頭巡司

三山巡司

長橫山
廟前烽堠
羅山烽堠
泗門烽堠
方家路烽堠
道塘烽堠
周家路烽堠
徐家路烽堠
眉山烽堠
太妃宫
眉山巡司
瀝山烽堠
西
汝仇湖
餘姚縣

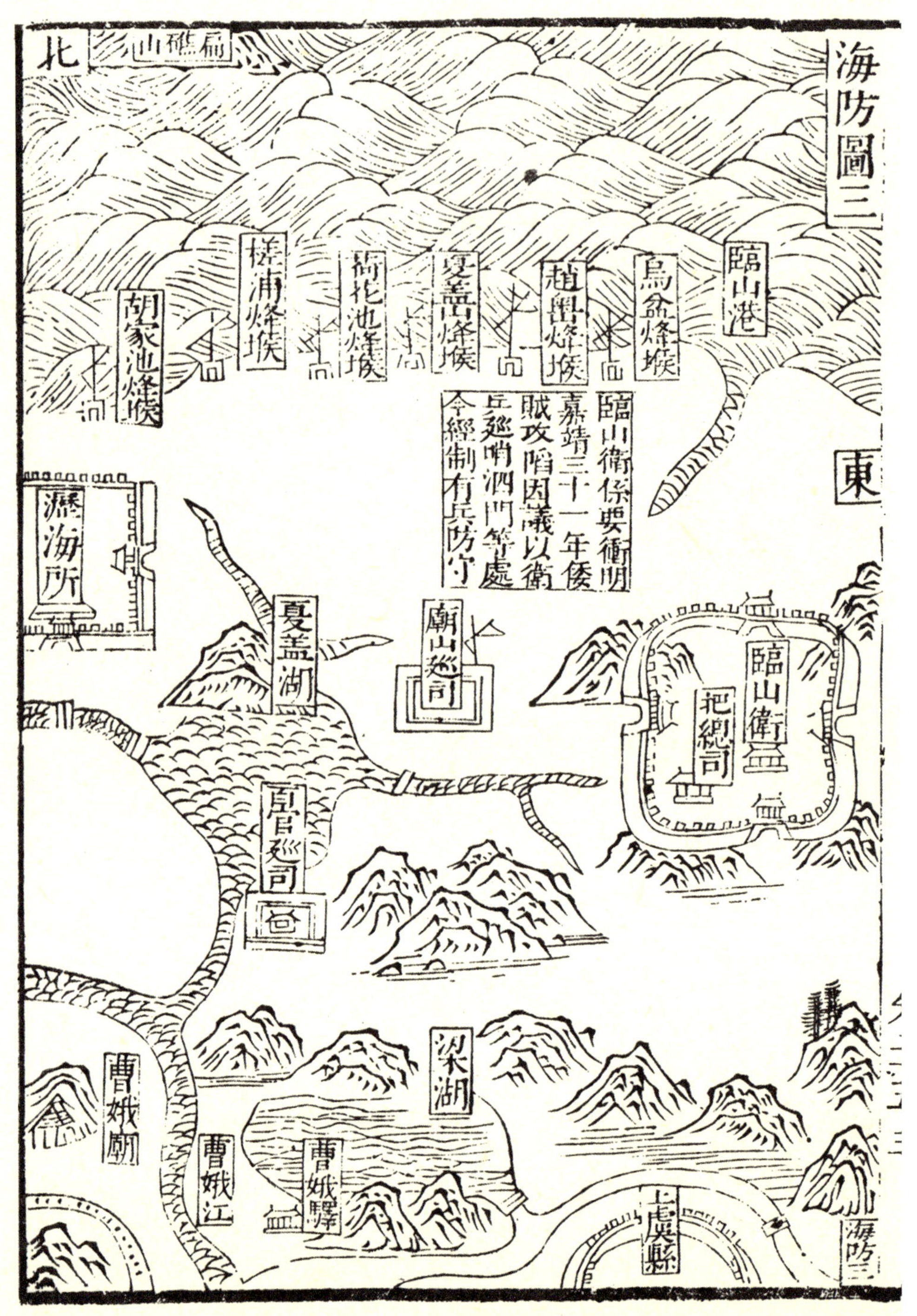
海防圖三
北
扁礁山
東
臨山港
烏岙烽堠
趙嶴烽堠
夏蓋山烽堠
荷花池烽堠
槎浦烽堠
胡家池烽堠
臨山衛係要衝明嘉靖三十一年倭賊攻陷因議以衛兵巡哨泗門等處今經制有兵防守
瀝海所
夏蓋湖
廟山巡司
臨山衛
把總司
梟官巡司
梁湖
曹娥廟
曹娥江
曹娥驛
上虞縣
海防三

西滙嘴險要明嘉靖三十二等年賊船登犯倒撥臨山衛兵船分哨螳浦等處今以協鎮營兵分防
黄家堰巡司
蒙池烽堠
此紹興守湯紹恩所建越民百世之利也
三江巡司
三江港
蟶浦港
西海塘烽堠
宋家漊烽堠
周家埠烽堠
桑盆烽堠
鍾樹烽堠
三江閘
宋家漊地方要衝明嘉靖三十五年倭賊登犯因設兵船于烈港哨防今以經制協鎮營兵分界防守
蟶浦渡
三江所
三江所邊海明嘉靖三十五年倭寇攻城敵退乃撥兵船分哨宋家漊等處今經制協鎮分營兵駐防
東關

北
海防圖四
毬山
獅子口
龕山寨
烏峰山烽堠
馬鞍山烽堠
秔湖烽堠
白洋巡司
東
龕山鱉子門扼要明嘉靖三十二等年倭犯處初建寨撥兵後乃裁革今奉經制皆有防兵
山陰縣
分守道
紹興衛
會稽縣
南

鱉子門
英濟侯祠
長山頭
錢塘江
西興關
西興驛
蕭山縣
湘湖

臨山衛圖
北
東
西
烽堠
烽堠
烽堠
臨山衛
常豐三倉

烽堠

觀海衛圖
北
烽堠
東

烽堠
觀海衛

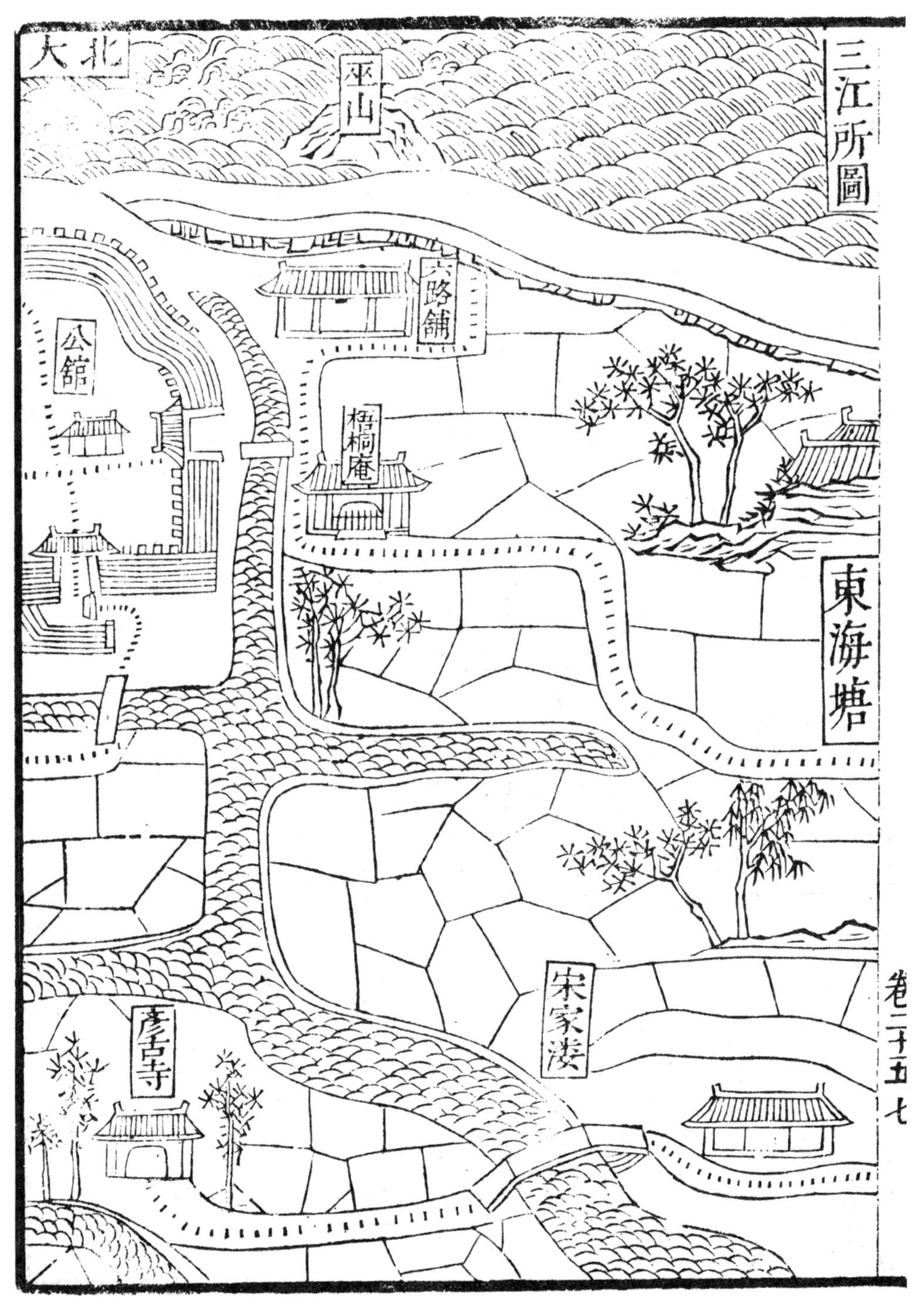

卷二十五 七

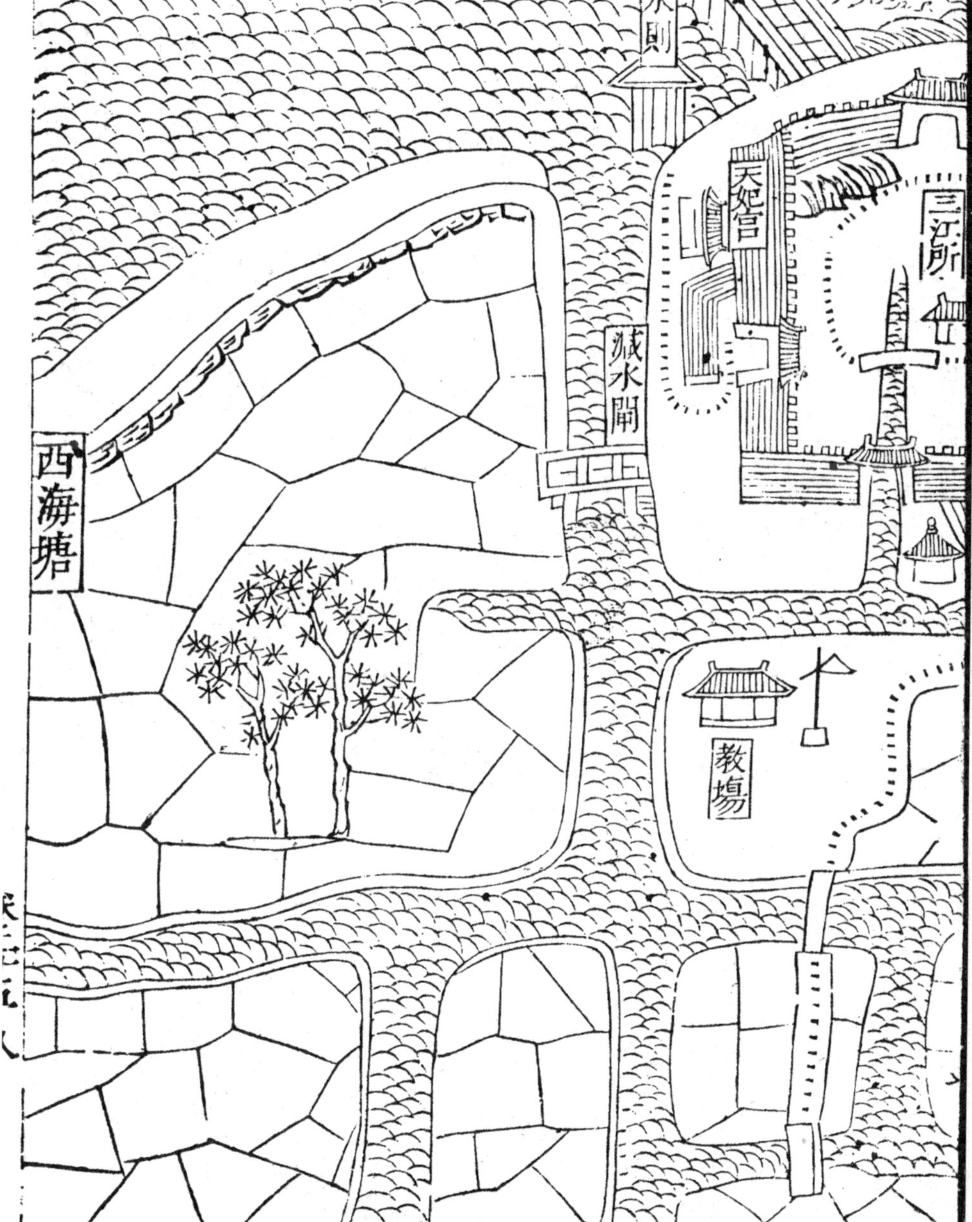
應宿閘
水則
天妃宮
三江所
減水閘
西海塘
教場

瀝海所圖
北至
纂風寺
張神廟
烽堠
瀝海所
東至夏蓋湖
荷花池
烽堠
南至蟶

大海
烽堠
黄家堰巡司
普慈寺
西至海口
張神廟
烽堠

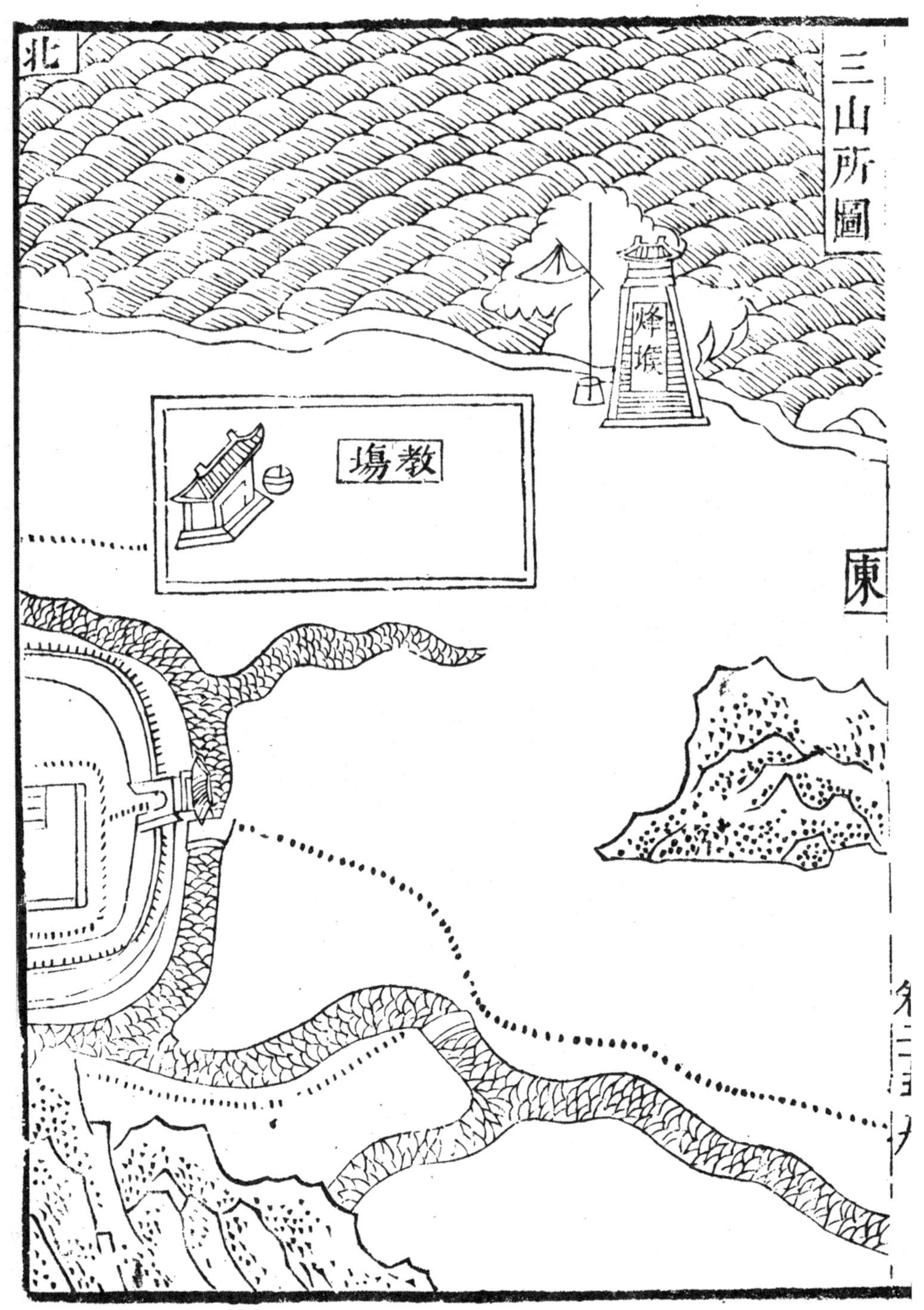
北
三山所圖
烽堠
教塲
東

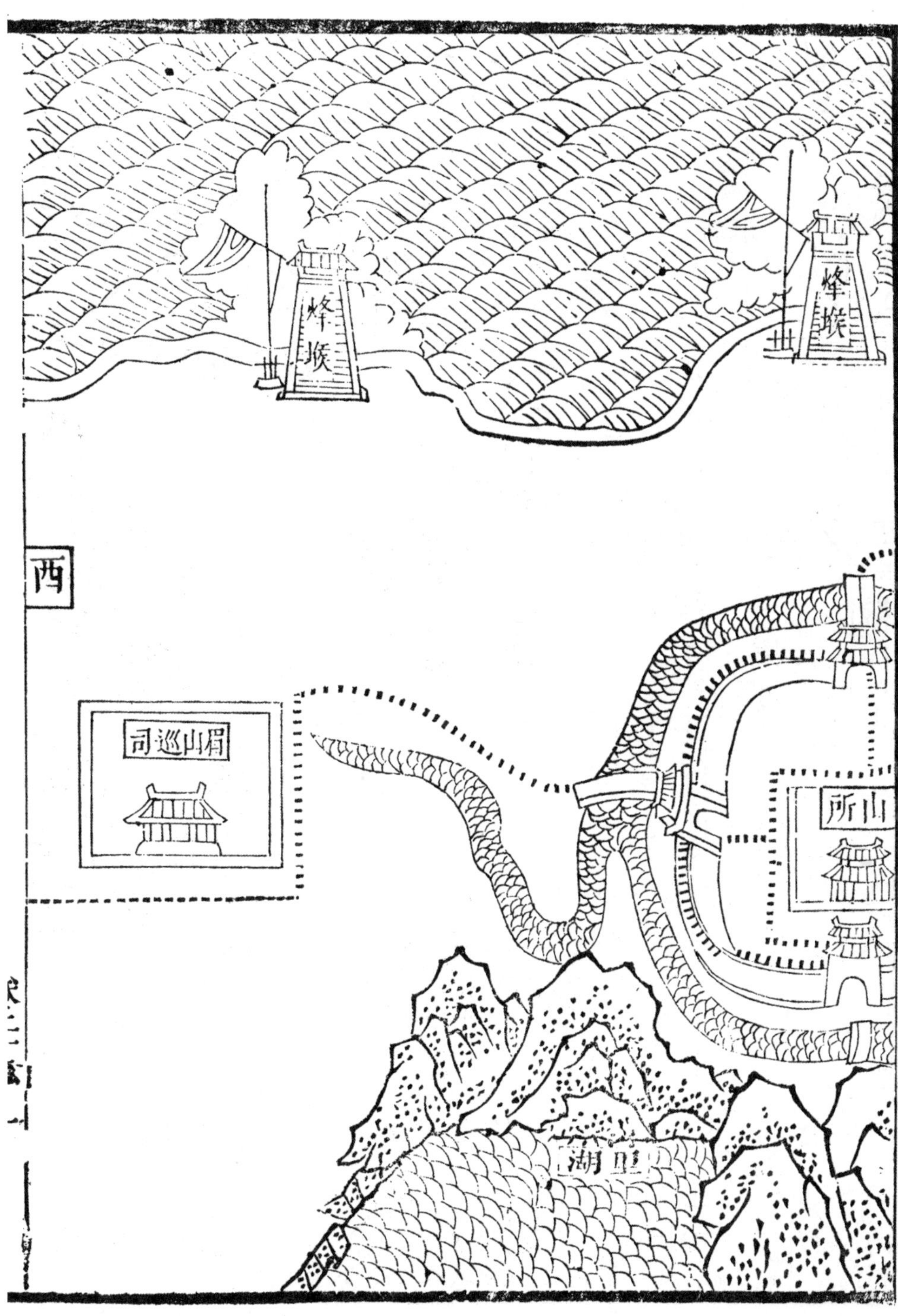
烽堠
烽堠
西
司巡山眉
所山
湖

龍山所圖
北至大
石塘烽堠
高山烽堠
東
演武亭
龍山所
教場
管界巡司
徐家舖
龍頭場

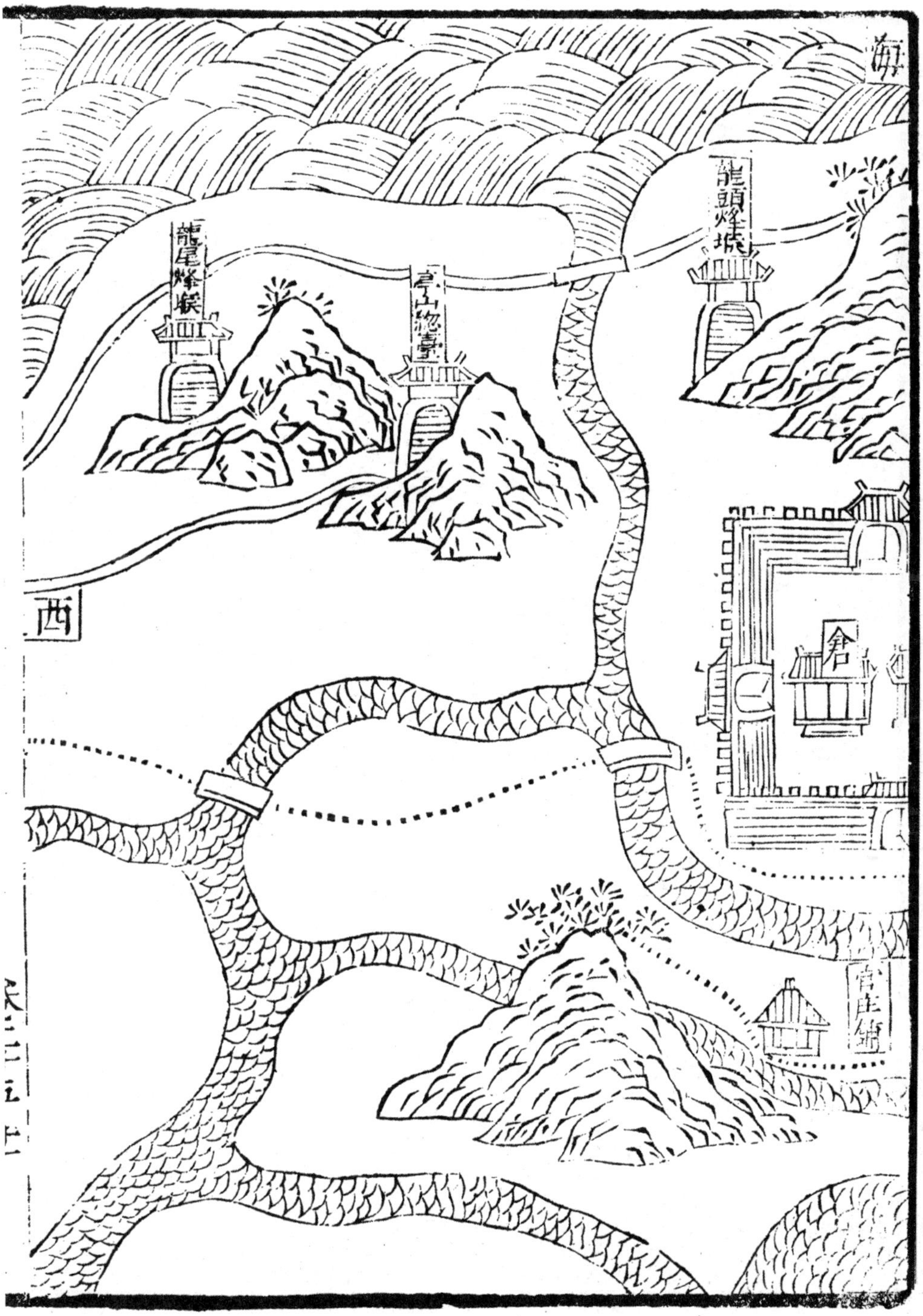

海

龍頭烽堠

龍尾烽堠

西

倉

官庄鋪

廟山巡司境圖
北
烽堠
東至臨山衛
烽堠
横山
卷二十五

大海
烽堠
巡司
廟山
西至夏蓋湖
伏龍山

教場圖

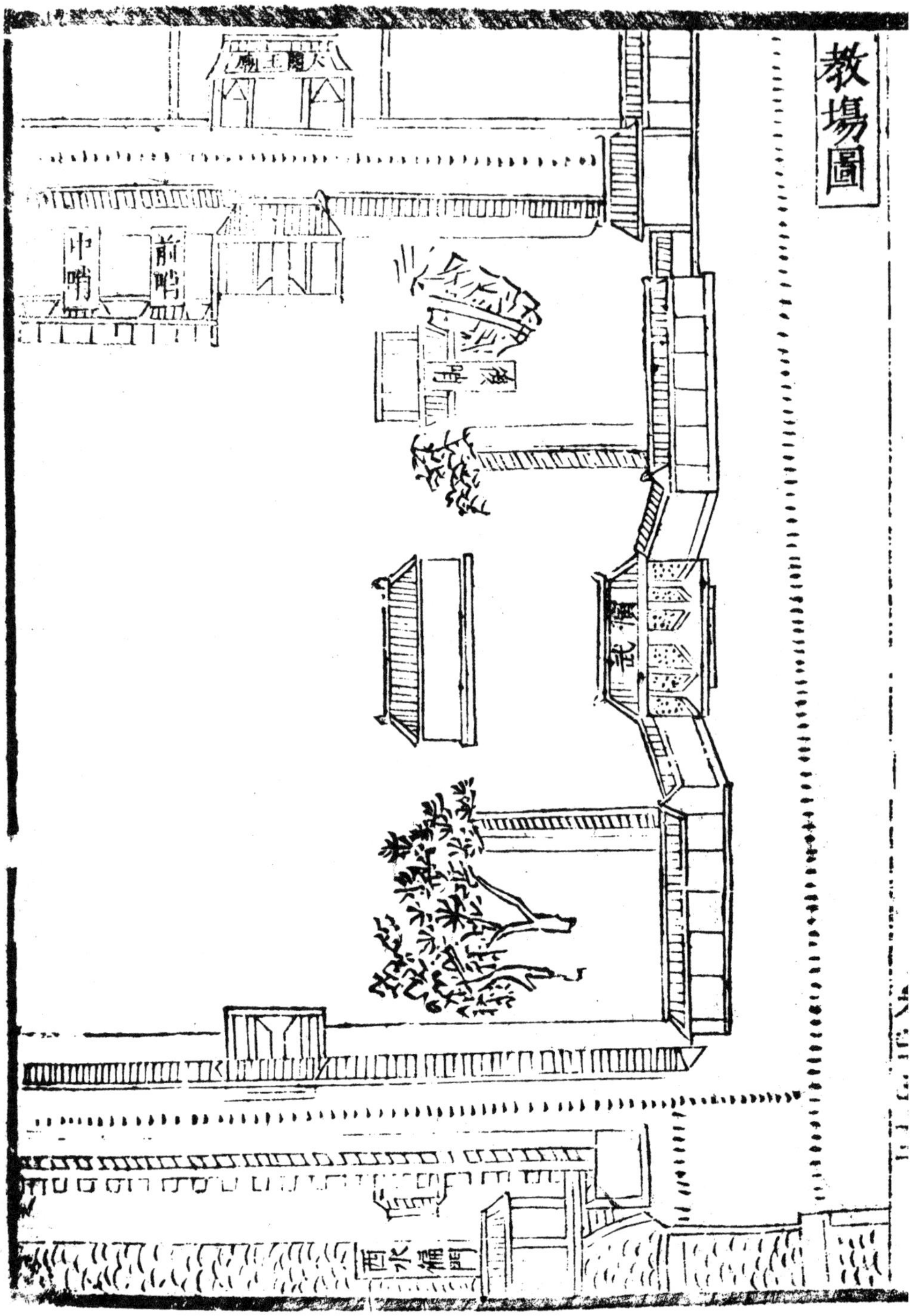

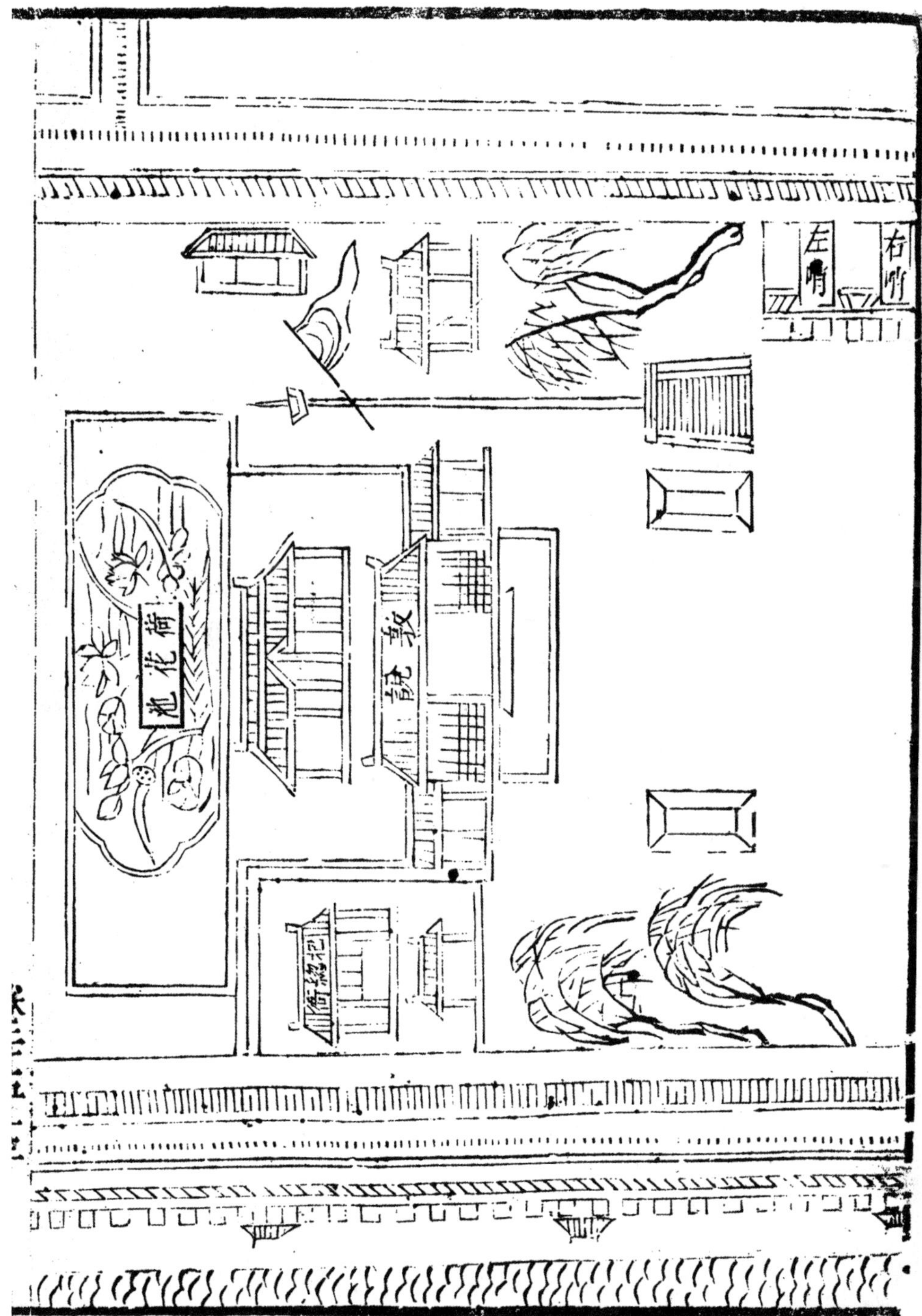
荷花池

紹興府志卷之二十五

武備志一

軍制　軍需　賞格　險要　教場　戰船

軍制越軍制句踐時畧可考始困會稽帶甲五千人及伐吳則習流二千俊士四萬君子六千諸御千人生聚教訓盛矣并吳後又有死士八千戈船三百艘蓋兼以吳人也秦諸郡都置材官漢伐東越會稽治樓船備糧食水戰具是時郡治在吳浙東從軍者其與有幾東京六代以後傳記益罕述嘉泰志所述唐府

兵萬騎神策藩鎮五季時衛馬步軍殿前軍亦甚略矣然亦非隸越州者也宋越州禁廂之制頗具行伍焉其說曰禁軍猶曰京師之兵而廂軍則郡國所有雖衣糧有差降然皆選擇及歷歲久禁廂軍皆郡自募始猶自京師分遣壯卒爲募士之準謂之兵樣繼易以木梃木策而兵樣不至矣禁軍教閱以備征戍廂軍給役而已禁軍有退惰者降爲廂軍謂之落廂自熙寧後置將官而禁軍又有係將不係將之別則禁軍亦分爲二焉朱梁時諸軍悉黥面識軍號五代

至宋因之方募時先度人材次閱馳躍次試瞻視初舉手指問之而巳其後又刻木作手加白堊舉以試之然後黥面而給衣屨緡錢謂之招刺利物若或惜費罷募使軍士子弟失職或至於溢額冗濫者皆非也諸路置馬步軍副都部署觀察使以上充兵馬部署及副部署皆橫班右武郎以上諸司使武翼大夫以上及刺史充都鈐轄諸司使充都監閤門祇候以上充其初亦有以文臣充者後乃專命武臣宣和三年詔兩浙東路鈐轄皆視三路選差時初平方臘也

按宋元豐四年詔諸路團練結軍馬各置將副於東南置十三將浙東路第四各以兵隷之給虎符爲驗凡正副將皆選內殿崇班以上嘗歷戰陣親民者充之仍許監司奏舉職制令將副訓練約束措置兵政軍情不便違法聽州縣長吏覺察以聞府將兵額三千人正副將各一員

禁軍九營雄節係將第一指揮營在第五廂秦望門熙寧二年置額五百人

威捷係將第二指揮營在第一廂都亭橋大觀二年

置額五百人
威果係將第念二指揮營在第四廂鯉魚橋東宣和
五年十一月置先是四年二月詔增置戍將至是下
江浙諸州各置威果全捷各兩指揮隸侍衛步軍司
太守翟汝文置營於此額五百人
威果係將第念三指揮營在第三廂水溝坊南宣和
五年置額五百人
全捷係將第四指揮營在第五廂泰望門宣和五年
十一月置節鎮兩指揮以威果全捷爲名餘州一指

揮並以威果爲名隸殿前司額五百人

全節係將第五指揮營在第三廂水溝坊南額五百人

威果不係將第五十四指揮營在第五廂卧龍坊宣和五年置額五百人

全捷不係將第十三指揮營在第五廂秦望門宣和五年置額五百人

防守步軍司指揮在欑宫禁圍外紹興二年以後置永祐陵二百五十五人永思陵八十五人永阜陵八

十五人永崇陵七十八人寧宗以後諸陵亦應各置有軍今無考
廂軍七營崇節第七指揮在第五廂秦望門熙寧二年置額五百人
崇節第八指揮在第一廂錢武肅王廟東熙寧二年置額五百人
壯城指揮在第一廂北善法寺側熙寧元年詔江浙兵官選少壯廂軍堪習武藝人充依例教閲量留重役以備使令額四百人宣和格壯城指揮帥府三百人節鎮二百人餘州一百人

牢城寧節第二指揮在第一廂馬坊橋東熙寧四年
詔放廂軍名額自蘄射至牢城二百三十三色額二
百五十人

屯駐營在第五廂附威果營先係海州兵養老紹興
初置額二十人

作院指揮熙寧六年置

剩員指揮

堰營八營都泗堰營在會稽縣東額二十五人

曹娥堰營在會稽縣東南

梁湖堰營在上虞縣西額五十人
錢清南堰營在山陰縣西
錢清北堰營在蕭山縣東額五十人
打竹索營在上虞縣東
通明堰營在上虞縣東額二十五人
西興捍江營在蕭山縣西額二百人
土軍十三寨三江寨額一百八十二人屬山陰
曹娥寨額八十人屬會稽
龕山寨額一百三十二人

西興寨額一百三十二人
西興都巡寨額一百三十八人
魚浦寨額四十八人
新林寨額一百人以上俱屬蕭山
管界寨額一百人
紫巖寨額一百人以上屬諸暨
廟山寨額一百人
三山寨額一百人
眉山寨額二百人以上屬餘姚

長樂寨額二百人屬嵊

弓手山陰會稽俱九十五人蕭山上虞俱七十人諸

暨一百十三人餘姚一百八人嵊九十八人新昌六十

七人

敎閱之法有二一曰營法二曰陣法所謂營法者六

軍營索四十有八前軍赤後軍黑左軍青右軍白左

虞候黃右虞候緑經索五百尺圍索二百尺街索五

十尺定營工二十四人内十二人掌經索圍索各一

又十二人掌經索街索各一並以木杙自隨子壕砦

六人執隨營索色旗一木椎一都壕砦一人掌營盤一椎一杙一黃天王旗一據營地中然後子壕砦乃分執其事設幔布車淺壕立柵所謂陣法者其別有六一曰方陣四鼓舉白旗則爲之二曰圓陣五鼓舉黃旗則爲之三曰曲陣一鼓舉黑旗則爲之四曰直陣三鼓舉青旗則爲之五曰銳陣一鼓舉赤旗則爲之六曰五陣互變視大將黃旗周麾則爲之此教閱之大畧也大將之誓辭則曰令與將士同習戰陣明視旗麾審聽金鼓出入分合坐作進退不如令者軍

有常刑自承平以來帥守入教場多帽帶皂衫如古輕裘緩帶之意亦或巾幘戰袍犀玉束帶略與將士同服以示臨戎與常日不同各一說也然自副總管以下名位雖高皆持梃趨庭以軍禮見按明時紹興府設三衛五所隷浙江都指揮使司仍管轄於左軍都督府此禁軍例也而各衛所復有帶管及召募名色廂軍例也弓手領於巡檢司堰營土寨鮮焉規模與宋不相遠衛五千六百人所一千一百二十人合之得二萬二千四百人後革餘姚千戶所則減一千

一百一十人而帶管召募之數各衛所多寡不一其軍始調自南北從征者繼乃抽台溫等處民四丁之一以充伍焉指揮郡將也千戶則營將百戶鎮撫隊將大務取防海居常則用以弭寇賊民旣出食食軍則守本業率妻孥勠力他無預矣承平久無所事軍江南諸省率用以轉漕捨刃持檣浙雖有海備亦半漕焉憂國者或謂東南士卒罷於轉漕殆非也明舊志孫纊曰余曩爲職方主事嘗攝入衛班軍班軍數萬人自正德來供作役司空度匠作日白金五分歲

可省冬官六七十萬金若以還營則爲隊而已矣入
衛者習爲工或不具兵器聞輸作則便閒營操乃顧
不甚稱便也晉人有言曰巧於用短兵亦宜然故九
邊軍亦大率用輸作而授其鋒於家丁築城垣治器
械功灼灼矣廩糧月給不虛耳司空城旦猶司農篙
師也何謂罷乎衛軍既驕陣沒者又以死事錄功有
司憚用之正德中王晉溪本兵乃起民兵之議令民
壯快手捕盜等名色是也是亦廂軍類也而沿海則
多用義烏兵先是嘉靖中金衢比郡有礦賊踰山抵

義烏義烏鄉兵擊勝之斬數魁其技以長槍勝鄉人私相傳稍得兵法自兹遠近競募南至閩廣北至薊咸義烏兵故惡少子弟不習爲耕則習爲兵美食好衣以待募義烏人大患之而往昔兵法或乃廢不知徒目皮於婺州也衛家說曰故者不挑補逃者不清勾軍政何賴然額糧固省矣今俗呼衛者曰軍而募者曰兵兵禦敵而軍坐守兵重軍輕軍借衛於兵壯軍乃復充兵其變勢也不以漕將何之乎石曼卿以建鄉兵顯名至武用之捍敵則笑曰此得吾麤也不

若募敢行者餘姚江南兵自具食無適帥却賊於後清橋謝生軍勇敢五百人聲赫赫四馳竟敗死衛人與自衛異雖精猶麤矣況驅市人而戰者乎故曰麤也兵日增軍日損兵日驕軍日懦此無足患者患異日之兵復如軍耳

紹興衛指揮十五員鎮撫二員千戶十六員百戶三十三員額軍五千六百名

三江所千戶五員百戶十五員鎮撫一員額軍一千三百五十二名

臨山衛指揮十七員鎮撫二員千戶十八員百戶四十三員所鎮撫十一員額軍五千六百名帶管二百名召募三百五十五名

三山所千戶五員百戶九員所鎮撫一員額軍一千一百二十名帶管一百名召募一百三名

瀝海所千戶一員百戶八員鎮撫二員額軍一千一百二十名帶管一百名召募一百五名

觀海衛指揮一十八員千戶一十七員百戶五十員所鎮撫十員額軍五千七百四名

龍山所千戸五員百戸十員所鎮撫一員額軍一千

二百六十三名

民兵山陰民兵一百二十二名會稽二百八十八名

蕭山四百名諸暨一百四十名餘姚一百三十五名

上虞四百名嵊四百名新昌八十名

弓兵三江巡檢司三十六名白洋三十二名黄家堰

三十四名漁浦三十名眉山三十四名三山三十四

名廟山三十四名梁湖一十二名

鄉兵蕭山縣明嘉靖三十五年知縣魏堂增置在城

西興龕山長山凡四處有千長在城西興龕山長山各一人有百長在城六人西興四人長山三人龕山二人有伍長副長在城各二十四人西興各十六人長山各十二人龕山各十人衆兵在城六百人西興四百人長山二百九十人龕山二百四十人

又按明嘉靖初巡視海道副使駐省城巡歷全浙沿海二十三年移駐台州二十七年改駐寧波三十年後地方多事分守參議駐紹興尋改副使整飭兵備稱兵巡道隆慶二年以海道兼理寧紹兵備紹興仍

以条議分守

先年浙江沿海原設總督備倭都司一員考選把總指揮四員統轄衛所而分定臨觀爲一總嘉靖三十八年分守定海總臨觀總全浙共六總三十一年添設条將一員駐定海分守寧紹等處三十四年賊破臨山衛則添設總兵官一員駐臨山三十五年移總兵駐定海而条將駐臨山專統陸兵三十六年六把總俱授以都指揮體統行事隆慶二年条將改駐舟山專統水兵以定海遊兵把總調臨山領陸兵萬曆

十二年裁革陸兵把總俱屬臨觀把總統轄駐臨山

臨觀備倭把總一員部下書記二名健步二名家丁二名軍吹鼓手四名總哨官一員哨官二員各家丁一名捕盜一十六名耆民四名隊長八名正舵工三十名副舵工八名兵六百一十九名軍兵二百一十七名福船四隻蒼船四隻漁船八隻沙船四隻叭喇唬船八隻網船六隻每至防汛時分三哨本總親統

臨游哨哨官二員分領左哨後哨

臨游哨　沙船四隻漁船四隻唬船四隻網船二隻内民捕耆舵兵二百六十名軍兵五十七名汛

期泊烈表港遊哨漁山兩頭洞并臨觀一帶海洋遊
警往來應援截剿仍與浙西海寧總下兵船會哨汛
畢與左後二哨兵
船俱收泊定海關

左哨　福船二隻草撇船二隻沙船二隻唬船五隻網
船二隻民捕耆舵兵二百五十六名軍兵八十
一名汛期泊烈表港東哨馬墓漁山東霍兩頭洞海
洋與定海總馬墓哨兵船會哨西哨西霍山并臨觀
一帶海洋與浙西海
寧總下兵船會哨

後哨　福船二隻蒼船一隻草撇船一隻沙船二隻唬
船五隻網船二隻民捕耆舵兵二百五十五名
軍兵七十九名汛期泊烈表港東哨漁山馬墓東霍
兩頭洞海洋與定海總下馬墓哨兵船會哨西哨至
西霍山并臨觀一帶海洋與
浙西海寧總下兵船會哨

陸兵三總左民右募中軍既而改右爲前每總總哨

官一員哨官五員隊長十五名什長四十五名兵四百二名書記醫生高招手大銃手各一名健步二名巡視旗手二名吹鼓手六名五方旗手五名并把總下戰馬一匹哨官下各家丁一名共四百九十三員名匹軍兵多四十八名共五百四十一員名匹又中軍書記一名健步二名軍旗鼓手三十五名

前營平時屯劄臨山衛操練防守遇警往來截剿汛期分發二哨防守觀海衛巡哨古窰東山平石吳山等處與軍門督發防守龍山所官兵會哨又分二哨防守三山所巡哨勝山蔡山徐家路等處與防守臨山衛官兵會哨又分一哨協守臨山衛巡哨周家路泗門烏盆趙巷夏蓋山荷花池等處與防守瀝

海所官
兵會哨

左營平時屯劄紹興府城操練防守遇警往來截剿汛期分發防守三江所東哨宋家漊蟶浦等處與防守瀝海所官兵會哨西哨龕山等處地方

中營平時屯劄臨山衛操練防守遇警往來截剿汛期分發一哨協守觀海衛又分一哨協守三山所二哨防守臨山衛巡哨周家路泗門夏蓋山等處一帶沿海地方又分一哨防守瀝海所巡哨槎浦西海塘蟶浦西匯嘴等處與防守三江所官兵會哨

按明兵部尚書譚綸昔爲海道副使嘗建議云衛所官軍既不能殺賊又不足自守往往歸罪於行伍空虛徒存尺籍似矣然浙中如寧紹台溫諸沿海衛所

環城之內並無一民相雜廬舍鱗集豈非衛所之人乎顧家道殷實者往往納充吏承其次賂官出外爲商其次業藝其次投兵其次役占其次搬演雜劇其次識字通同該伍放回附近原籍歲收常例其次舍人皆不操守即此八項居十之半且皆精鋭至於補伍食糧則反爲疲癃殘疾老弱不堪之輩軍伍不振戰守無資弊皆坐此至於逃亡故絶此特其一節耳今可委賢能有司同該把總官往各衛所督同掌印等官不必論其伍分先核城中街巷計有若干每街

每巷共有門面若干戶分格眼紙一張諭令自開房屋幾間男婦幾口某係精壯某係老弱至於釜竈牀鋪若干亦俱實開貼於大門上乃各委官持簿籍領各伍官旗沿街履戶逐一面詰該管官旗有無隱漏弊執結明白然後比對戶口文冊庶幾可得十之七八於是取其見在人數逼行挑選精壯者存留食糧老弱不堪者逼行革退即以戶丁精壯餘丁選補如果在營故絕無丁者除本省地方照舊行勾外其他省人民屢勾無解者不必駕言單勾即查照近例嚴

選別戶精壯餘丁補伍至於充納吏承違例役占者通行禁止其賣放出外行商業藝投兵搬戲及隱容在籍收取常例等項俱責令該管官旗及家屬人等免其前罪通行勒限招回一體選補務使食糧者皆精銳之士無復以老弱充數不食糧者照依保甲之法編定守城如百姓守城之例不得以無糧藉口該管守旗招徠補充至五分以上即量行獎賞其有仍前縱容賣放者掌印及諸伍官旗聽各道從實查參輕則問罪降級重則綁解軍門治以軍法如此庶軍

政可肅戰守有人矣

明嘉靖三十一年以後兩浙召募陸兵不下十萬既而漸次汰減選取民壯弓兵正軍抵用在紹興募兵民壯軍兵各一總臨觀總留用民捕者能兵五百二十四名加添軍兵二百三十九名并原用軍兵一百二十一名萬曆二年加復臨觀總民兵一百四十三名查總數不甚合倭亂之後民財竭矣減兵而選軍蓋取足於正例原在食糧之額雖加至一石比之全給兵餉者已省矣乃日久弊生正數逃亡餘兵貪緣補役月

給之儲與民兵無異且強悍難制是以又有復民之議云

訓練之法臨觀一總水兵每春防汛畢六月中兵船收港七八兩月留舵稍守船俱聽把總督哨官在定海衛教場至九月初上船防遇小汛十一月中起至來年正月止俱在定海關水寨同定海總三日一次訓練臨山營陸兵每年汛期調發沿海防守聽把總督同衛所官與寧波兵合營訓練汛畢回營遇三六九日臨山把總自行訓練水兵長技鎗火互用如

賊船離遠則以鳥銃百子銃發貢爲先賊船逼近則以長鎗鏢箭籐牌爲便各汛器械泊守本境遇警與陸兵齊操陸兵長技長短相濟中哨三隊俱習鳥銃每什以二人習刀牌二人習狼筅四人習長鎗二人習鈎鐮短鎗暇時俱習弓弩如鳥銃衝陣則刀牌手護之刀牌手衝陣則長鎗手護之弓弩鎗鐮手衝陣則狼筅手護之兵制之常經也

哨探之規各汛官兵分撥小哨叭喇唬網船輪流遠出外洋往來哨邏仍與隣近兵船交相會哨烽堠撥

軍瞭望遇有警急通行飛報其出哨者撫臺有單汛兵皆會哨取單憲司仍刊刷哨符發各總照依派定處所給符往來會哨交符俱塡發日到月時刻汛畢檢核不許近洋交單其沿海烽堠臺寨置立循環哨籌每日南北各遞發一籌彼此循環毋分雨夜逐墩遞送傳報有無聲息責令陸路官置簿登記遞到籌號姓名日時每五日類驛飛報各將領皆親督兵船出洋哨探遇賊船經由汛地即從實飛報某處賊船幾隻大約賊有幾何傳報隣境分投防禦應援似急

督官兵相機夾剿其遠哨兵船見賊即報不拘定信地其虛張聲勢及望風輕報者覈實治罪若賊在洋搶擄而隱匿不報者處以軍法

軍需衛所軍糧舊規以額設與充發者俱謂正軍各照差支糧奉例頂補絕軍者乃謂例軍不論差役輕重月止支糧五斗其隨差操舍餘餘丁舊例並不支糧後因海防多事始議將舍餘餘丁轉與正例軍一體照差造支隆慶元年十一月又議定規則凡正例軍人舍餘餘丁點撥運糧常川月支八斗點撥出海并折充水陸兵者常川月支一石運糧存與出海汛畢各依例扣糧折料貼駕軍汛期取用月支一石汛畢寄操月支六斗望斗者照出海名色造支其餘正差烽堠墩臺陸路廠盤軍俱春汛二三四五月各支八斗小汛與餘月通支六斗巡捕隨操吹鼓手火藥匠看守軍器監禁衛所廳公館公

司演武廳中軍樓馬政軍守附近各寨軍兵各常川月支六斗窰軍巡鹽軍俱月支八斗局匠軍上工者月支八斗鐵料者月支六斗各官例用軍件照舊不支各革職迷失官遺下正支舍人已經勘明者不分差役重輕有無妻小俱月支一石未勘明者照舍餘例不支糧又總小旗已併鎗者雖擬輕差亦准月支八斗未併鎗者照軍支糧又操備旗軍月支六斗例軍月支五斗已上各差旗軍除出海征剿水陸兵者及巡鹽運糧窰局外其餘若係正例軍與問發永遠軍但有妻小或雖無妻小而有祖父母伯叔兄弟隨住者准照全支隻身者支四斗五升係問發終身軍照例有妻者支五斗無妻者支三斗老幼正軍果無壯丁依倚者月支三斗有依倚者並不准支精壯正例軍舍餘丁存留衛所者俱發操并輪班防守門鋪聽撥短差若係正例軍准照操備支糧係舍餘餘丁不許另以操守門鋪爲名冒支候有警調用之日方許計日支米一升五合四年又選各軍協駕兵船仍議加厚優恤常月給米一石汛月加行糧四斗五升

隊長又月加銀一錢編充陸兵者常月給米一石汛月隊長外加工食銀一錢什長五分

紹興三衛四所官軍俸糧明隆慶間每年共八萬六百九十三石一斗

水陸兵餉

備倭把總日支銀一錢七分名色官旗牌把總總哨官日支銀一錢二分哨副舵工督陣官并各船捕盜者民舵工日支銀六分叭喇唬船隊長六箇月汛月日支銀五分常月日支銀四分五釐陸兵隊長日支銀三分什長日支銀三分五釐陸兵與各營書記健步雜水兵六箇月汛期支銀三分常月支銀二分水兵每流等役戰馬各日支銀二分五釐萬曆二年隊長常年加銀一兩八錢常川日支銀三分叭喇唬前軍賞格日支銀五分又各官廩給及心紅紙筆等銀統兵備倭把總每年三十兩把總每年二十四兩

紹興府額餉銀明隆慶間每年共二萬二千九百二十七兩六錢七分〔田銀〕一萬八千九百七十二兩七錢四分四釐〔地銀〕一千八百三十五兩七錢四分六釐〔山銀〕三千一百一十九兩一錢八分

充餉銀明隆慶間每年共一萬六千三百九十七兩一錢一分〔冗役銀〕一百一十八兩〔皂隸銀〕五百三十一兩〔解戶銀〕四百五兩〔預備秋米銀〕八千八百九十二兩二錢六分〔屬倉餘米折銀〕六千三百五十兩八錢五分以上山田地內銀留一萬一千二百二十一兩二錢本府屬倉歲餘省米銀二千九百四十八兩四錢扣存本府聽給水陸官兵支用撥餘田地山銀一萬一千七百六兩四錢七分預備秋米銀三千七百三十二兩五錢八分歲餘省米銀三千四百二兩四錢五分冗役銀一百一十八兩皂隸銀五百三十一兩解戶銀四百五兩俱解寧波府協濟

餉用餘剩預備秋米銀五千一百五十九兩六錢八分解布政司聽給標兵支用

沿海漁稅明永樂間以漁人引倭爲患禁片帆寸板不許下海後以小民衣食所賴遂稍寬禁嘉靖三十年後倭患起復禁革三十五年總督胡宗憲以海禁太嚴生理日促轉而從盜奏令漁船自備器械排甲互保無事爲漁有警則調取同兵船兼布防守先是巡鹽御史董威題定漁船各立一甲頭管束仍量船大小納稅給與由帖方許買鹽下海捕魚所得鹽稅以十分爲率五分起解運司五分存留該府聽候支

用每年三月以裏黃魚生發之時各納稅銀許其結䑸出洋捕魚至五月各令回港萬曆二年巡撫都御史方弘靜復題令編立䑸綱紀甲并立哨長管束不許攙前落後仍撥兵船數隻選慣海官員統領于漁船下網處巡邏遇賊即剿說者曰海民生理半年生計在田半年生計在海故稻不收者謂之田荒魚不收者謂之海荒其淡水門海洋乃產黃魚之淵藪也每年小滿前後正風汛之時兩浙漁船出海捕魚者動以千計其於風濤則便習也器械則鋒利也格鬬

則敢勇也驅而用之亦足以捍敵緝而税之尤足以餽軍向乃疑其勾引而厲禁之遂使民不聊生潛逸而從盜矣故緝名以稽其出入領旗以辨其眞僞納税以徵其課程結艅以連其犄角而又抽取官兵以爲之聲援不惟聽其自便爲生且資其捍禦矣豈其取給於區區之税以助軍興之萬一耶

漁船監税則例大雙桅船每隻納船税銀四兩二錢漁税銀三兩鹽税銀六錢旗銀三錢中雙桅船每隻納船税銀二兩八錢漁税銀二兩鹽税銀四錢旗銀二錢單桅船每隻納船税銀一兩六錢八分漁税銀一兩二錢鹽税銀二錢四分旗銀一錢尖船對桅船每隻納船税銀一兩一錢二分漁税銀八錢鹽税銀一錢六分旗銀八分厰艖

船每隻納船稅銀七錢漁稅銀五錢鹽稅銀一錢旗銀五分近港不捕黃魚止捕魚蝦柴鹿艚網小船每隻納船稅銀三錢鹽稅銀六分旗銀一錢河條溪船每隻納船稅銀三錢漁稅銀三錢鹽稅銀二錢四分旗銀三分採捕墨魚紫菜泥螺等項海味對桅尖船每隻納船稅銀一兩一錢二分鹽稅銀一錢六分厰艍船每隻納船稅銀七錢鹽稅銀一錢河條溪船每隻納船稅銀二錢鹽稅銀六分隆慶六年巡鹽張更化又題加稅大雙桅每隻連前共納銀二兩四錢中雙桅每隻一兩二錢單桅六錢尖桅四錢八分厰艍船三錢六分與河船二錢四分對桅船四錢八分

紹興府漁稅銀明隆慶間每年共五百五十兩內四百兩製辦軍火器械一百五十兩犒賞臨山臨觀二總官兵弁出海隨哨官軍及汎期添調防守官兵之用

官窑磚瓦先年衛所各有官窑撥軍數十名取土採

薪燒造磚瓦如遇城鋪小損卽隨時修砌止計木灰倩匠工食之費其法甚善後因軍士凋耗遂行停止少有損壞輒申請委官估計文移往復經年以致日漸傾頹及至呈允撮買見成磚瓦聊爲塘塞三十二年海道議行嚴查各衛所窰地基址每衛撥正軍二十名所十名專在窰燒造燒完磚瓦刊寫年分做造姓名運回本衙門收貯遇城垛損壞卽呈請修葺每年燒青磚一千塊瓦二千片

紹興三衛四所磚每年共

尾每年共

賞格明隆慶四年例顧陞者一擒斬眞倭首級幾名
顆查係眞正其功委難例應世
襲一擒斬眞倭首級幾名顆功係稍易止終本身願
賞者一擒斬眞倭從賊首級查係眞正其功委難每
名顆賞銀五十兩一擒斬眞倭從賊首級及漢
人脅從首級功係稍易每名顆各賞銀一十兩隆慶
六年例各衛指揮千百戶獲倭船一艘及賊者陞一
級賞銀五十兩鈔五十錠在船軍士生擒殺一
獲倭賊一人者賞銀五十兩陸地交戰生擒殺獲一
人者賞銀二十兩水陸主客官軍民快人等臨陣擒
斬有名眞倭賊首一名顆者陞實授三級不願陞者
賞銀一百五十兩獲眞倭從賊一名顆并陣亡者陞
實授一級不願陞者賞銀五十兩獲漢人脅從賊一
名顆陞授署一級不願陞者賞銀二十兩反賊功次
內地反賊一人擒斬六名顆陞一級至十八名顆陞
三級願係壯男實授幼男婦女與十九名顆以上并

不及數者俱給賞流賊一人爲首一人爲從二人就陣擒斬有名劇賊一名顆爲首者陞實授一級世襲如不願陞者賞銀三十兩爲從者給賞就陣擒斬以次劇賊一名顆爲首者授署一級世襲不願陞者賞銀十兩爲從者量賞就陣擒斬從賊三名顆爲首者陞賞授一級世襲不願陞者賞銀十五兩爲從給賞緝獲者不在此例就陣擒斬從賊一名顆爲首者賞銀五兩二名顆爲首者賞銀十兩爲從者俱止量賞緝獲者不在此例前項功次一人自擒賞不分首從者照前陞賞六名顆以上至九名顆者止陞實授二級世襲不願陞者賞銀二十兩不及六名顆者除實授一級外仰算共賞銀一人爲首者二人或三人四五人俱爲從共斬賊一名顆者不必分別首從其賞銀五兩均分陣亡者陞實授一級世襲如不願陞者賞銀十兩重傷回營身故者陞署一級如不願陞者賞銀七兩一人獨斬隨從賊人十五六歲小首級一名顆者量賞二名顆者給賞三名顆者加賞當先破敵被傷者給賞其不係臨陣緝捕從賊一名顆者賞

銀四兩二名顆者賞銀八兩三名顆者賞銀一十二兩四名顆者陞實授一級世襲不賞一人爲首或二人三四五人爲從緝獲從賊一名顆者賞銀四兩不分首從均分

險要紹興衛駐府城中

餘姚千戶所駐餘姚城中明洪武二十年將軍湯和奏置者也餘姚東界寧波而海潮自定海來抵新壩止多巨姓强族人材衆貨力富實海濱重鎮方氏據慶元郡時蓋以其弟鎮餘姚帥府遺跡存焉湯和之設兵有意哉正統六年邑人金壇教諭李應吉請餘姚内地兵可去也奏徙之一時稱便焉暨後倭患作

時犯餘姚餘姚乃若無兵矣於是僉事羅拱辰副使許東望先後移節來拓前司地居之而議建江南城也又擬設一通判駐江南

山陰柯橋西去府城三十里水汗漫多支流陂深堰曲難以屯兵利主不利客

三江閘北去府三十八里山會蕭縣此蓄水宜防守

古博嶺西南去府城四十五里與諸暨楓橋接壤明初將軍胡大海克諸暨自玆路來戡越郡嘉靖三十三年倭寇擾山陰亦由楓橋進山間寇盜俱由此

入境舊有楓橋巡檢司今基址尚在

枹姑堰西去府城五十二里上連鏡湖下接小江

會稽曹娥埭東去府城九十二里江水湍急隔斷兩岸逼江而營利守不利戰

石堰東去府城三里諸水之會可駐兵衛城

駐日嶺西南去府城八十里諸暨界元末袁廷舉聚鄉兵處

邢浦晉孫恩破謝琰軍處不知何地大約去娥江不遠

蕭山西興鎮西去縣城十里逼錢塘江險宋時有寨

黨旗嶺南去縣城六十里昔鄉兵樹旗拒寇處

城山西去縣城九里越王句踐嘗保此

新林鋪東去縣二十里宋時有寨

黃嶺巖下貞女三鎮西南去縣一百里唐劉漢宏嘗分兵據守錢鏐擊破之因置守焉錢俶納土乃罷

諸暨長淸西南去縣城五十里元時有關

陽塘西去縣城五十里元時有關

湖頭鋪南去縣城五十里元時有巡檢司

晉界東去縣城八十里唐宋有寨

五指巖西南去縣城六十五里明初將軍李文忠築新城拒謝再興

餘姚李家閘東南去縣城三十里是四明東門元時有巡檢司

梁弄西南去縣城四十里人烟奏集亦一巨鎮是四明西戶

筆竹嶺西稍南去縣城三十里與上虞接境

上虞梁湖西去縣城三十里是曹娥江東岸

百官渡西南去縣城四十里亦隣於江唐時舊縣址

麋家山東南去縣城四十五里元時有廵檢司當三縣界地甚僻

佛蹤山西北去縣城四十里宋元有寨

智果店東北去縣城十五里

嵊清風嶺北去縣城四十里

白峯嶺西南去縣城八十里唐宋有長樂寨元有廵檢司

三界北去縣城六十里

新昌黃罕嶺北去縣城五十里其地形可入而難出

唐王式敗裘甫於此

三溪渡西去縣城十二里唐裘甫敗三將處

關嶺東去縣城七十里接天台界以上皆內地宜設

備者也

三江所不濱於海地勢稍緩然去省城八十里海上

有警烽火於此通焉明嘉靖三十五年倭寇突犯攻

城以兵退之

臨山衛坐當衝要東接三山西抵瀝海明嘉靖三十

二年倭賊攻陷

瀝海所東衛臨山西捍黄家堰

三山所界於臨觀之間東西策應

觀海衛三山爲右翼龍山爲左翼居中節制應援地屬慈谿而轄於紹興犬牙勢也不欲以全險與寧波也

龍山所北對金山蘇州大洋東對烈港伏龍山獨臨海際去所僅十里乃賊船往來必由之路臨觀一總之咽喉也封守慎固省城安枕而臥矣地屬定海明

嘉靖三十四五年間倭賊屢登犯

金家嶴丘家洋連界東對烈港海洋北望洋山三姑大洋明嘉靖三十六年倭船盤據月餘爲官兵所捷若突腹裏由鴈門嶺鳳浦湖一帶至慈谿縣直抵寧波府極爲險要舊例汛期撥標兵分哨若漁船下海捕魚則輪撥臨觀兵船一枝繫泊瀝滓海洋盤詰奸細

關四三江所一曰八閘關

觀海衛三曰丈亭關曰長溪關曰桂湖關

隘六臨山衛三曰泗門隘曰烏盆隘曰化龍隘

三山所一曰眉山隘

瀝海所二曰施湖隘曰四滙隘舊以二處海水衝激賊船易泊特立寨委官一員旗軍五十名守之

敵臺四三江所一曰蒙池山敵臺

臨山衛一曰羅家山敵臺

瀝海所一曰西海塘敵臺

龍山所一曰龍山敵臺

烽堠三十七三江所六曰航烏山烽堠曰馬鞍山烽

堠曰烏烽山烽堠曰宋家漊烽堠曰周家墩烽堠曰
桑盆烽堠

臨山衛九曰趙罍烽堠曰烏盆烽堠曰廟前烽堠曰
荷花池烽堠曰方家路烽堠曰道塘烽堠曰周家路
烽堠曰四門烽堠曰夏蓋山烽堠

瀝海所三曰槎浦烽堠曰胡家池烽堠曰槤樹烽堠
三山所八曰歷山烽堠曰眉山烽堠曰徐家路烽堠
曰撮嶼烽堠曰勝山烽堠曰蔡山烽堠曰吳山烽堠
曰滸山烽堠

觀海衛六曰向頭烽堠曰瓜誓烽堠曰西隴山烽堠曰新浦烽堠曰古窑烽堠曰西隴尾烽堠

龍山所五曰龍頭烽堠曰龍尾烽堠曰石塘烽堠曰青溪烽堠曰施公山烽堠

寨一蕭山縣曰龕山寨扼錢塘江下流實郡西臂明嘉靖三十二年賊登犯三十四年復殲賊於此彼時嘗置寨焉有委官一員軍一百名守之後裁革

廠一曰礦山廠以上皆海岸宜設備者也沿海烽堠臺寨專司傳報警息嘹瞭軍每墩五名臺十名寨二十名器械除各軍自備外每墩碗口銃二手銃二銅鑼一起火

九大白旗一草架三每架高一丈餘四面各闊一丈去地二尺用木横閣上用稚草苫蓋如屋形分架三處多積柴草牛馬糞瞭賊入港登岸晝則車白旗放銃夜則放起火陰霾望旗不見燒草屋一架鄰墩不接又放一架須接乃止其近賊頭墩仍差人由便路到本衛所弁陸路官兵處報賊多寡登犯時日情由

港七曰三江港港口深闊外通大洋甚爲險要賊船若滿宋家漊突入腹裏從陡門一帶海塘可抵郡城越港而北爲浙西赭山乃省城第一關鎖也

臨山港切近衛城直衝大海明時倭船屢犯故設舟師屯守西哨浙西澉乍二浦東哨觀海龍山如遇臨觀海洋有警馳報烈港兵船合艅截剿

泗門港爲餘姚東北之咽喉襟帶越港而北爲浙西
瀲浦最隘要處明嘉靖三十五年倭船由東北烈港
來突犯

勝山港港深而廣倭船可乘潮以入明嘉靖三十五
年由此登犯三山所官兵敵退後議築臺港口又建
墩臺於山上

古窰港爲慈谿之咽喉北對乍浦東接伏龍西連平
石是極險之處明嘉靖三十五年賊船盤據犯慈谿
烈港所係甚大蓋賊船之入臨觀也非由瀲乍則由

烈港是爲臨觀之門戶明時議設三江蟶浦臨山務山古窰五港以衛臨觀後因各港砂硬水淺難泊船遂止但在此港出哨

清溪港由此可入金家嶴

浦四曰金墊浦爲定海慈谿相界之地北連大海西連伏龍山賊船由東北來必由此繫泊明嘉靖三十八年賊登犯

蟶浦北對浙西石墩南至紹興府城逕連大海若突腹裏由沿江塘路至百官梁湖直抵上虞

松浦在古窑東

堰浦在古窑西

門二曰蛟門直觀海衛

鱉子門直蕭山縣

口一曰獅子口直龕山寨

嘴一曰西滙嘴在黃家堰明嘉靖三十二年賊登犯

漊一曰宋家漊在三江港東明嘉靖三十五年賊登犯

海中山六曰西霍山黃山勝山長横山徧樵山毬山

礁二曰箕杯礁柴排礁

石一曰平石

按明冢宰胡松海圖說曰倭之入寇也隨風所之東北風多則至烏沙門分艅或逼韭山海閘門而犯溫州或由舟山之南經大貓洋入金塘蛟門犯定海由東西厨入湖頭渡犯象山奉化入石浦則犯昌國入桃渚海門松門諸港犯台州正東風多則至李西嶴壁下陳錢分艅或由洋山之南過漁陽山兩頭洞三姑山入蟶浦犯紹興之臨山三山過霍山洋五島列

表平石犯龍山觀海過大小衢徐山入鱉子門赭山犯錢塘薄省城由洋山之北過馬跡潭而西犯青村南滙大抵倭船之來恒在清明之後前乎此風候不常難進一定清明後方多東北風且積久不變過五月風自南來不利於行矣重陽後風亦有東北者過十月風自西北來亦非所利故明時防海者以三四五月爲大汛九十月爲小汛其帆檣所向一視乎風有備者勝

教場 府教場自晉以來並在五雲門外唐遷城西迎

恩門外謂之古教場宋時有大小二所小教場在臥龍山上嘉定十五年守汪綱以其狹隘命以作院前建臺門繚以牆垣中爲堂曰雄武自元以來已非故處大教場在府署東南五里一百五十步稽山門内明洪武初遷於府署西南一里三十步常禧門内有演武堂前築將臺其地曠衍可二百畝歲久爲軍民侵牟散漫無考嘉靖二十三年御史舒公汀按節觀兵始正規制築四圍墻東西深二百四十一弓官廳前南北横廣九十一弓西盡墻南北横廣五十弓總

八十五畝有竒

敦說堂即演武堂康熙十六年間爲颶風所傾康熙二十九年知府李鐸捐資重購創建聿新左設將臺右置鼓亭前列轅門仍循古制顔其額曰敦說堂政事之暇常與協守習射講武於其間焉鐸立碑記云粤稽古制文武互用入爲卿士出爲將帥采薇天保之治所由隆乎兩漢刺史得專兵事其制最爲近古唐府兵其遺意也迨後兵民分而文武若異視矣然而疆埸之司萑苻之戢未嘗不交任其責焉雖耀德不在觀兵而揆文自兼奮武於刺史所職原兼兵戎非越俎也國家定鼎以來海内乂安黎民樂業固足媲美雍熙而我

皇上英明神武遐陬殊域盡入版圖文德武功冠絶

古今屬在臣子莫不仰德承流以佐昇平况於越之匯西接錢塘北隣大海尤浙東一大都會也歲之已巳余承乏茲土甫及一載百廢漸舉惟茲演武塲宇舍傾頽舊址徒存詩云踧踧周道鞠爲茂草惄焉如擣誠如擣矣爰命鳩工庀材經營冊艧次第落成於九月之十日率兵士習射於其中雅歌投壺以鳴大平之盛邑耆老前而言曰某所有演武廳記某所有敦說堂記余竊念之演武因其本謀而敦說更有深意葢敦者重復之義說者講論之名詩本性情禮嚴節度敦詩說禮則性情正而節度嫺禮義于詩書甲胄漢武侯之綸巾羽扇晉叔子之輕裘緩帶出入與任內外同心誼不休與故仍其舊而顏之以見古人之立制可久而今人之遵古如新也是爲記康熙二十九年九月初十日知紹興府事鐵嶺李鐸撰

山陰縣令楚黃盧緯記〔二〕教兵古禮也故周禮紀爲大政然必爲之堂以習厥禮爲葢親上敬長坐作進退必教于平素而後習之也此郡子敦詩說禮之意有由然矣緯抵越之明年斯堂尚爲隙址爰是請之

郡憲謀所以成斯堂焉遂畫材鳩工不日成之予甯趨父事弗是過也德化人人豈特兵民合一哉敬跋

山陰會稽同府教場

蕭山舊在湘湖岸山下明嘉靖中知縣魏堂徙於便民倉北

諸暨在縣東三里許浣江邊

餘姚在武勝門內西北隅不知創自何時已而廢爲田居民倪澄王伯孚等業其中明嘉靖九年討論舊址復以田爲教場而以牟山新湖田給償之

上虞舊在縣西七十步居民侵爲業後改在縣東按

察分司旁

嵊在東門外半里許

新昌舊在北鎮廟前明隆慶六年知縣謝廷試徙北門外萬曆初田琯復增拓之

各衛所教塲紹興衛同府三江所在南門內臨山衛在東門外半里三山所在城北瀝海所在北門外觀海衛在西門外龍山所在東門外

戰船　浙江沿海明時中倭隨設有戰船五百四十八隻內有四百料（用軍一百名）二百料（用軍七十五名）八櫓風快銅

斗高杷梢十槳用軍五十名風快用軍二十名等項名色俱於
衛所食糧旗軍內選駕後因駕哨不便損缺不修補
嘉靖三十一年來臨觀改募蒼山平底船一百二隻
嘉靖三十五年又調廣東烏尾橫江大船一百八十
隻分撥浙直海洋哨禦後臨觀總又議定福蒼沙漁
叭喇唬船二十八隻內細數見前俱係私造給稅福船以鈔尺自面梁爲界每尺稅
銀一分蒼船二十四兩沙船弁鐵頭漁船十九兩小
漁船十六兩小哨船梁頭一丈以上者十二兩八九
尺者九兩五錢叭喇唬船四兩每年共該給銀六百
五十五兩四錢又閏月銀三十三兩五錢將紹興府
額徵民六戰船料銀五百二十六兩五錢并臨觀二
衛軍兵扣抵戰船糧餉及各總造船停支稅銀蔟給

明嘉靖末定例三年小修六年重修九年拆造後改爲一年二年燂洗三年輕修四年重修五年拆造私稅兵船每年出海防過大汛不准借稅俱令該管捕盜自修出防小汛回關福船拆造限六十日行府量借稅銀三十兩重修限四十日量借稅銀一十五兩輕修限三十日不准借稅蒼沙漁船拆造限五十日蒼船借稅二十兩沙漁船借稅一十五兩重修限三十日蒼船借稅十兩沙漁船借稅八兩輕修限二十日蒼沙漁船俱不准借稅小哨叭喇唬船拆造限二十五日小哨船借稅五兩叭喇唬借與年給稅銀三兩重修限十五日輕修限十日不准借稅其戶糧捕盜者民隊長照舊全支造修限內將舵工暫改支給兵糧幇工拆造福船與幇工民兵五名軍兵五名蒼漁船各民兵四名軍兵四名沙船民兵三名軍兵三名小哨船民兵二名軍兵二名叭喇唬船原無軍兵貼駕止准民兵二名其餘民兵薪水俱行停止不給其

重修輕修止准捕盜者民隊長口糧一名餘兵俱行住支不准幫工之例各船税銀自拽船上塢之日住扣所借税銀限一年之内扣還船若過限不完捕兵口糧截日住支船完出水開支通限正月十五日齊完此成例也

按東南瀕海浙中諸府寧紹尤爲咽喉前代防海之師蛟關恃有鎮營蛟關者定海招寶山密邇地也當海水中兩峯對峙以招寶爲脣齒水師泊舟波濤不甚衝激且倚邑城屹然金湯西數十里爲觀海衛地屬慈谿而轄于紹興古建置法所謂犬牙相制也舊志孫鑛云不欲以全險與寧波洵然矣浙之重地在

寧紹而紹之重地在觀海觀海安則自餘姚上虞會稽山陰蕭山以抵錢塘海寇難于出沒明嘉靖閒頻中倭由東迄西如丘家洋龍山所古窰港勝山港三山所臨山衞瀝海所西滙嘴宋家漊三江所龕山鱉子門在在入犯幸紹郡城峻不敢攻然賊舟北蔓蘇常而步者南躪台溫流毒凡九府及其歸也不得不取道觀海嘗合寇以攻衞城卒不能破則亦惟衞城爲兩郡之要地合兵擊之賊始由樂清出海蓋一衞若斯其重也歷代兵制不相沿浙所恃在水陸二師

自
國朝定鼎宿重兵省會其自錢塘而東初以
禁旅臨之逾年定爲經制資提鎮及協鎮營用壯干
城矣簡卒伍時訓練足芻糧製火器造戰艘嚴烽堠
武備之設水陸畢具未易一二殫述所可志者經制
歲月次序爾山陰新志云准紹鎮中軍兼左營事都
司王自功移文内稱順治三年六月大兵由省至紹
即丙戌定越之始時旗下總鎮統官兵若干員名彈
壓新疆順治五年部議乃定經制次年撤紹鎮兵立

城守協鎮額設副總兵一員轄左右兩營各都司一員守備一員千總二員把總四員兩營共副都守千把等官一十七員統兵若干名馬一步九此爲經制之始時八邑地聚有山賊倚險縱横協鎮官兵分路調發屢擣巢穴至八年稍有寧宇乃海寇連檣入犯邑境每患兵单鞭長不及十三年撫院蕭公起元奏請增兵若干名自是營伍克實民賴以安十八年間京差蘓大人俯察情形以温台寧三府邊海居民遷內地惟紹所屬止插旗用界內外限生死民無遷徙

者康熙二年奉檄沿海一帶釘定界樁仍造烟釭築墩堠臺寨豎旗爲號設目兵若干名晝夜廵探編傳烽歌詞互相警備旋蒙部議提督駐紹興府其城守副總兵移防三江所四年間京差大人三位廵視海邊每歲輪廵五六次不等次年撤回七年間京差大人三位同總督趙公廷臣由福建沿海出廵次年二月到紹議以提督移駐寧波府紹協鎮副總兵及左營都司右營守備帶千把等官八員回駐紹

城其三江所設右營都司一員把總一員瀝海所設千總一員臨山衞設千總一員觀海衞設守備一員把總一員各帶兵防守凡官馬皆官自備火藥銃砲器械盔甲等項歲有常額沿海城堡如觀海臨海二衞三山瀝海三江等所計五處防邊臺寨連寧波府屬共三十一座內慈谿之松浦古窰淹浦新浦下寶旗山東山共七臺因紹協鎮官兵駐防觀海分撥汛兵代防寧屬七臺外紹屬共止二十四臺西自蕭山縣龕山臺起至山陰縣則有烏峯臺龜山臺黨山臺

馬鞍臺蒙池臺宋家漊臺會稽縣則有宜巷臺鎮塘臺桑盆臺判官臺瀝海北門臺上虞縣則有踏浦臺荷花臺顧家臺塾橋路臺崔家路臺趙家路臺勝山臺曲塘臺以上沿海縣境二十四臺外尚有蕭山之長山臺餘姚之臨山北門臺此二座今奉文撤防又改設臨山衞都司一員撤三江所都司止設千總仍各帶兵防守而留駐府城官兵隨時調發或防各縣城池或守內地並在遵行未有更議也是則武備之新畧見梗槩重以提督大帥歲有廵歷左控右制臂

指相聯古云探哨莫便于刀舸衝犂必資于樓艦今且增造艨艟以備戰守所謂望若丘山建大將之旗鼓風行瀚海撲賊艇如鷹鸇者也其他軍實别有籍非郡志之所能悉數

康熙四十六年餘姚大嵐山土賊張念一等聚衆弄兵官軍擒捕之次第伏誅四十七年浙閩總督梁公鼐圖善後之策特疏於　朝言大嵐界連寧紹台三郡地方遼濶層巒叠嶺鳥道崎嶇更兼樹木叢雜村落稀踈是以賊徒得以流竄其間今議將紹興府同

知移駐梁衙地方令其兼轄三郡接壤之處其中村杖錫二處議設巡檢二員駐防寧波府屬之象山縣有陳山趙嶴爵谿石浦巡檢四員將陳山司巡檢移駐餘姚縣所轄之中村爵谿司巡檢移駐鄞縣所轄之杖錫均耑責守其陳山司事務歸并趙嶴巡檢管理爵谿司事務歸并石浦巡檢管理至通省遊擊俱有耑防城汛無可抽調議將所設大嵐官兵即撥出紹協右營都司移駐管轄其寧波城守營官兵防守之杖錫寺雪竇寺兆溪三汛距寧郡一百數十餘里

應援不靈似應改歸都司管轄所有原防該汛之兵四十名亦歸該都司留防原汛其慈谿縣之三七市羊角店漁溪一帶地方聽寧波營另撥兵丁巡防至于抽調官兵議將紹協原防餘姚梁衕千把二員抵數外於寧海瑞安二營各調把總一員于台協抽調兵丁一百二十名衢協抽調兵丁一百二十名象協抽調兵丁六十名紹協于原防餘姚梁衕九十名之外再調十名并寧波營留防北溪原汛兵丁四十名以足馬步四百四十名之數俱入紹協經制支給俸

餉聽紹協副將兼轄其都司隨帶把總一員兵一百二十名移駐餘姚縣千總一員帶兵一百名駐劄梁衕把總一員帶兵六十名駐劄中村兼防杖錫又把總一員帶兵六十名駐劄北溪兼防雪竇餘兵一百名聽該都司酌量分防上馬岡等處其添設官兵營房衙署于通省有品官員公捐葢造等語具題
皇上令兵部議從之遂爲定制焉

紹興府志

卷之[illegible] 武備志

紹興府志卷之二十六

武備志二

列國　寇賊　僭據　兵變　南渡　倭寇

列國越王句踐元年吳王闔廬聞允常死乃興師伐越越王禦之陳于檇李句踐患吳之整也使死士再禽焉不動使罪人三行屬劒於頸而辭曰二君有治臣奸旗鼓不敏於君之行前不敢逃刑敢歸死遂自剄也師屬之目因而襲之大敗吳師靈姑浮以戈擊闔廬闔廬傷將指取其一屨還卒於陘去檇李七里

三年句踐聞吳王夫差且報越欲先未發往伐之范蠡諫不聽遂興師吳王聞之悉發精兵擊越敗之夫椒遂入越越王乃以甲楯五千棲於會稽之上用范蠡計使大夫種因太宰嚭以行成於吳曰請士女女於士大夫女女於大夫隨之以國家之重器請委管籥屬國家以身隨之惟君王制之若以越之罪爲不可赦也將焚宗廟係妻孥沉金玉於江有帶甲五千人將以致死乃必有偶是以帶甲萬人事君也無乃即傷君王之所愛乎與其殺是人也寧其得此國也

孰利吳王欲許之伍胥諫曰不可有吳無越有越無吳弗聽胥退曰越十年生聚十年教訓二十年之外吳其爲沼乎三月吳許越平而去之十三年越王問范蠡曰水戰則乘舟陸行則乘輿輿舟之利頓於兵弩今子爲寡人謀事莫不謬者乎蠡對曰行陣隊伍軍鼓之事吉凶決在其工今越有處女出於南林國人稱善王乃使使聘之問以劍戟之術女曰凡手戰之道內實精神外示安儀見之似好婦奪之似懼虎布形候氣與神俱往杳之若日偏如滕兔追形逐影

光若彷彿呼吸往來不及法禁縱横逆順直不復跚斯道者一人當百百人當萬王乃命五板之墮長高習之教軍士當世莫能勝越女之劍於是范蠡復進善射者陳音王問曰願子一二其辭音曰弩生於弓弓生於彈彈起古之孝子不忍見父母爲禽獸所食以彈彈去之也王曰弩之狀何法焉音曰郭爲方城教爲人君牙爲執法牛爲中將關爲守禦錡爲侍從臂爲道路弓爲將軍弦爲軍師矢爲飛客金爲實敵衛爲副使又爲受教縹爲都尉敵爲百死夫射之道

身若戴板頭若激卵左蹉右足橫左手若附枝右手若抱兒舉弩望敵翕心咽烟與氣俱發得其和平神定思去去止分離右手發機左手不知夫射之道從分望敵合以參連弩有斗石矢有輕重石取一兩其數乃平遠近高下求之銖分王曰善乃使陳音教士習射於北郊之外三月軍士皆能用弓弩之巧二十一年七月越王大戒師將伐吴乃召五大夫曰敢訪諸大夫問戰奚以而可皆以情告無阿孤大夫曳庸乃進對曰審賞則可以戰乎王曰聖大夫若成進對

曰審罰則可以戰乎王曰猛大夫種進對曰審物則可以戰乎王曰辯大夫蠡進對曰審備則可以戰乎王曰巧大夫皐如進對曰審聲則可以戰乎王曰可矣王乃命有司大令於國曰苟任戎者皆造於國門之外王乃令於國曰國人欲告者來告告孤不審將爲戮不利過及五日必審之過五日道將不行王乃入命夫人王背屏夫人向屏王曰自今日之後內政無出外政無入內中辱者則是子吾見子於此止矣王出夫人送不出屏乃闔門塡之以土去笄側席而

坐不掃王背檐而立大夫向檐王曰食土不均地之不修則是子自今日之後内政無出外政無入吾見子於此止矣王出大夫送不出檐闔門塡之以土側席而坐不掃王乃之壇列鼓而行之至於軍斬有罪者以狥曰莫如此以環瑱通相問也明日徙舍斬有罪者以狥曰莫如此不從其伍之令明日徙舍斬有罪者以狥曰莫如此不用王命明日徙舍至於禦兒斬有罪者以狥曰莫如此淫逸不可禁也王乃命有司大狥於軍曰有父母耆老而無昆弟者以告王親

命之曰我有大事子有父母者老而子爲我死子之父母將轉於溝壑子爲我禮已重矣子歸而殁而父母之世後若有事吾與子圖之明日徇於軍曰有兄弟四五人皆在此者以告王親命之曰我有大事子昆弟四五人皆在此事若不捷則是盡也擇子之所欲歸者一人明日徇於軍曰有眩瞀之疾者告王親命之曰我有大事子有眩瞀之疾其歸已後有事與子圖之明日徇於軍曰筋力不足以勝甲兵志行不足以聽命者歸莫告明日遷軍接和斬有罪者以徇

曰莫如此志行不果於是人有致死之心王乃命有
司大徇於軍曰謂二三子歸而不歸處而不處進而
不進退而不退左而不左右而不右身斬妻子鬻於
是吳王起師軍于江北越王軍于江南越王乃中分
其師以爲左右軍以其私卒君子六千人爲中軍明
日將舟戰於江及昏乃令左軍銜枚泝江五里以須
亦令右軍銜枚踰江五里以須夜中乃令左軍右軍
涉江鳴鼓中水以須吳師聞之大駭曰越人分爲二
師將以夾攻我師乃不待旦亦中分其師將以禦越

越王乃令其中軍銜枚潛涉不鼓不譟以襲攻之吳師大北越之左軍右軍乃遂涉而從之又大敗之於沒又郊敗之三戰三北乃至于吳越師遂入吳吳使人行成越王不許夫差遂自殺

寇賊　漢靈帝熹平元年會稽妖賊許昌起於句章自稱陽明皇帝與其子韶扇動諸縣衆以萬數以其父爲越王人謂之許生國家遣揚州刺史臧旻丹陽太守陳寅討之三年六月吳郡司馬富春孫堅募召精勇得千餘人與州郡合討破之

獻帝時賀齊爲郡吏守剡長縣吏斯從輕俠爲奸齊欲治之主簿諫曰從縣大族山越所附今日治之明日寇至齊聞大怒便立斬從從族黨遂相糾合衆千餘人舉兵攻縣齊率吏民開城門突擊大破之威震山越

晉孝武帝時琅琊人孫恩世奉五斗米道叔父泰師事錢唐杜子恭傳其秘術浮狡有小才愚者敬之如神嘗行鬱林太守稍遷輔國將軍新安太守泰見天下兵起以爲晉祚將終乃扇動百姓私習徒衆三吳

士庶多從之會稽內史謝輶發其謀會稽王道子誅之恩逃于海衆聞泰死惑之皆謂蟬蛻登仙故就海中供給恩恩聚合亡命得百餘人志欲復讐安帝隆安三年自海中來攻上虞殺縣令因襲會稽內史王凝之亦事五斗米道及恩至城下凝之不爲備方入請室請禱曰鬼兵相助賊自破矣城壞遂爲恩所害恩有衆數萬於是會稽謝鍼吳郡陸瓌吳興丘尪義興許允之臨海周胄永嘉張永及東陽新安等凡八郡一時俱起殺長吏以應之旬日之中衆數十萬於

是恩據會稽自號征東將軍號其黨曰長生人宣語
令誅殺異巳有不同者戮及嬰孩由是死者十七八
畿内諸縣處處蜂起朝廷震懼内外戒嚴遣衛將軍
謝琰鎮北將軍劉牢之討之並轉鬬而前吳會承平
久人不習戰又無器械故所在多被破亡諸賊皆燒
倉廪焚邑屋刊木堙井剽掠財貨相率聚于會稽其
婦女有嬰累不能去者囊簏盛嬰兒投于水而告之
曰賀汝先登仙堂我隨後就汝初恩聞八郡響應告
其屬曰天下無復事矣當與諸君朝服而至建康既

問牢之臨江復曰我割浙江不失作句踐也尋知牢之已濟江乃曰孤不羞走矣乃掠男女二十餘萬口一時逃入海懼官軍之躡乃緣道多棄寶物子女時東土殷實莫不粲麗盈目牢之等遽於收斂故恩復得逃海朝廷以謝琰爲會稽内史都督五都軍事率徐州文武戍海浦琰司馬高素破恩黨于山陰陸瓌丘尫等皆伏誅四年恩復入餘姚破上虞進至邢浦琰遣參軍劉宣之距破之恩退縮少日復寇邢浦官軍失利恩乘勝至會稽謝琰出戰兵敗爲帳下張猛

所殺朝廷大震遣冠軍將軍桓不才輔國將軍孫無終寧朔將軍高雅之擊之雅之與恩戰于餘姚敗走山陰死者十七八詔以劉牢之都督會稽等五郡帥衆擊恩恩走入海牢之東屯上虞吳國內史袁山松築扈瀆壘緣海備恩五年恩趨海鹽劉裕破之恩轉寇扈瀆害袁山松自後屢入寇皆不在越或逼京口向京師陷廣陵皆爲劉裕所敗元興元年入寇臨海太守辛景討破之恩窮慼乃赴海自沉妖黨及妓妾謂之水仙投水從死者百數餘旋復推恩妹夫盧循

爲主自恩初入海所掠男女之口其後戰死及自溺并流離被傳賣者至恩死時裁數千人存而恩攻沒謝琰袁山松陷廣陵前後數十戰亦殺百姓數萬人

齊永明三年富陽唐寓之刦諸暨縣令凌琚之棄城走

唐寶應元年台州賊袁晁等攻陷浙東諸州改元寶勝民疲於賦斂者多歸之往來剡邑李光弼遣部將張伯義破之於衢州誅袁晁

咸通元年浙東賊裘甫等攻陷象山官軍屢敗明州

城門晝閉進逼剡縣有衆百人浙東騷動觀察使鄭祗德遣討擊副使劉勍副將范居植將兵三百合台州軍共討之正月乙卯浙東軍與甫戰於桐栢觀前范居植死劉勍僅以身免乙丑甫率其徒千餘人陷剡縣開府庫募壯士衆至數千人越州大恐時二浙久安人不習戰甲兵朽鈍見卒不滿三百鄭祗德更募新卒以益之軍吏受賂率皆得孱弱者祗德遣牙將沈君縱副將張公署望海鎮將李珪將新卒五百擊裘甫二月辛卯與甫戰于剡西賊設伏于三溪之

南而陳于三溪之北壅溪上流使可涉既戰陽敗走官軍追之半涉決壅水大至官軍大敗三將皆死官軍幾盡於是山海諸盜及他道無賴亡命之徒四面雲集衆至三萬分爲三十二隊其小帥有謀畧者推劉興可力推劉慶劉從簡羣盜皆遙通書幣求屬麾下甫自稱天下都知兵馬使改元羅平鑄印曰天平大聚資糧購良工冶器械聲震中原鄭祇德累次告急且求救于鄰道浙西遣牙將凌茂貞將四百人宣歙遣牙將白琮將三百人赴之祇德始令屯郭門及

東小江尋復召還府中以自衛祇德饋之比度支常饋多十三倍而宣潤將士猶以爲不足宣潤將士請土軍爲導以與賊戰諸將或稱病或陽墜馬其肯行者必先邀職級竟不果遣賊游騎至平水東小江城中士民儲舟裹糧夜坐待旦各謀逃潰朝廷知祇德懦怯議選武將代之夏侯孜曰浙東山海幽阻可以計取難以力攻西班中無可語者前安南都護王式雖儒家子在安南威服邊方名聞遠近可任也諸相皆以爲然遂以式爲浙東觀察使徵祇德爲賓客三

月辛亥朔式入對上問以討賊方畧對曰但得兵賊必可破有宦官侍側曰發兵所費甚大式曰臣爲國家惜費則不然兵多賊速破其費省矣若兵少不能勝賊延引歲月賊勢益張江淮羣盜將蜂起應之國家用度盡仰江淮若阻絕不通則上自九廟下及十軍皆無以供給其費豈可勝計哉上顧宦官曰當與之兵乃詔發忠武義成淮南等諸道兵授之甫分兵掠衢婺州婺州押牙房郅散將樓曾衢州守將方景深將兵拒險賊不得入又分兵掠明州明州之民相

與謀曰賊若入城妻子皆爲葅醢況財貨能保之乎乃自相帥出財募勇士治器械樹柵濬濠斷橋爲固守之備賊又遣兵掠台州破唐興巳巳甫自將萬餘人掠上虞焚之癸酉入餘姚殺丞尉東破慈谿入奉化抵寧海殺其令而據之分兵圍象山所過俘其少壯餘老弱者皆蹂踐殺之及王式除書下浙東人心稍安裘甫方與其徒飲酒聞之不樂劉暀歎曰有如此之衆而策畫未定良可惜也今朝廷遣王中丞將兵來聞其人智勇無敵不四十日必至兵馬使宜急引

兵取越州馮城郭據府庫遣兵五千守西陵循浙江築壘以拒之大集舟艦得間則長驅進取浙西過大江掠揚州貨財以自實還修石頭城而守之宣歙江西必有響應者遣劉從簡以萬人循海而南襲取福建如此則國家貢賦之地盡入於我矣但恐子孫不能守耳終吾身保無憂也甫曰醉矣明日議之睢以甫不用其言怒陽醉而出有進士王輅在賊中賊客之輅說甫曰如劉副使之謀乃孫權所爲也彼乘天下大亂故能據有江東今中國無事此功未易成也

不如擁衆據險自守陸耕海漁急則逃入海島此萬全策也甫畏式猶豫未決夏四月式行至京口義成軍不整式欲斬其將久乃釋之自是軍所過若無人至西陵甫遣使請降式曰是必無降心直欲窺吾所爲且欲使吾驕怠耳乃謂使者曰甫面縛以來當免其死乙未式入越州旣交政爲鄭祗德置酒曰式主軍政不可以飲監軍但與衆賓盡醉迨夜繼以燭曰式在此賊安能妨人樂飲丙申餞祗德于遠郊復樂飲而歸於是始修軍令告饋餉不足者息矣稱疾臥

家者起矣先求遷職者默矣賊別帥洪師簡許會能帥所部降式曰汝降是也當立效以自異使帥其徒爲前鋒與賊戰有功乃奏以官先是賊諜入越州軍吏匿而飲食之文武將吏往往潛與賊通求城破之日免死及全妻子或詐引賊將來降實窺虛實城中密謀屏語賊皆知之式陰察知悉捕索斬之刑將吏尤横猾者嚴門禁無驗者不得出入警夜周密賊始不知我所爲矣式命諸縣開倉廩以賑貧乏或曰賊未滅軍食方急不可散也式曰非汝所知官軍少騎

卒式曰吐蕃回鶻比配江淮者其人習險阻便鞍馬可用也舉籍府中得驍健者百餘人蕃久羈旅所部遇之無狀困餒甚式既犒飲又賙其父母妻子皆泣拜讙呼願效死悉以爲騎卒使騎將石宗本將之凡在管內者皆視此籍之又奏得龍陂監馬二百疋於是騎兵足矣或請爲烽燧以詗賊遠近衆寡式笑而不應選懦卒使乘健馬少給之兵以爲候騎衆怪之不敢問於是閱諸營見卒及土團子弟得四千人使導軍分路討賊府下無守兵更籍土團千人以補之

乃命宣欽將白琮浙西將麦茂貞帥本軍北來將韓宗政等帥土團合千人石宗本帥騎兵爲前鋒自上虞趨奉化解象山之圍號東路軍又以義成將白琮建忠將游君楚淮南將萬璘帥本軍與台州唐興軍合號南路軍令之日毋爭險易毋焚廬舍毋殺平民以增首級平民爲從者募降之得賊金帛官無所問俘獲者皆越人也釋之癸卯南路軍拔賊沃州寨甲辰拔新昌寨破賊將毛應天進抵唐興辛亥東路軍破賊將孫馬騎于寧海戊午南路軍大破賊將劉雎

毛應天于唐興南谷斬應天先是式以兵少奏更發
忠武義成軍及請昭義軍詔從之三道兵至越州式
命忠武將張茵將三百人屯唐興斷賊南出之道義
成將高羅銳將三百人益以台州上軍徑趨寧海攻
賊巢穴昭義將跌跌戣將四百人益東路軍斷賊入
明州之道庚申南路軍大破賊于海游鎮賊入甬溪
洞戊辰官軍屯于洞口賊出洞戰又破之己巳高羅
銳襲賊別帥劉平天寨破之自是諸軍與賊十九戰
賊連敗劉暀謂甫曰曏從吾謀入越州寧有此困耶

王幹等進士數人在賊中皆衣綠雖悉收斬之曰亂我謀者此青蟲也高羅銳克寧海收其逃散之民得七千餘人式曰賊窘且饑必逃入海入海則歲月間未可擒也命羅銳軍海口以拒之又命望海鎮將雲思益浙西將王克容將水軍巡海濱思益等遇賊將劉從簡于寧海東賊不虞水軍遽至皆棄船走山谷得其船十七盡焚之式曰賊無所逃矣惟黃罕嶺可入恨無兵以守之雖然亦成擒矣甫既失寧海乃帥其徒屯南陳館下衆尚萬餘人辛未東路軍破賊

將孫馬騎于上嵺村賊將王皐懼請降戊寅東路軍
大破甫於南陳館斬首數千級賊委棄繒帛盈路以
緩追者蹴跌殘令士卒敢顧者斬毋敢犯者賊果自
黄罕嶺遁去六月甲申復入剡諸軍失甫不知所在
義成將張茵在唐興獲俘將苦之俘曰賊入剡矣苟
捨我我請爲軍導從之茵後甫一日至剡壁其東南
府中聞甫入剡復大恐式曰賊來就擒耳命趨東南
兩路軍會於剡辛卯圍之賊城守甚堅攻之不能拔
諸將議絕溪水以渴之賊知之乃出戰三日凡八十

三戰賊雖敗官軍亦疲賊請降諸將以白式式曰賊欲少休耳益謹備之功垂成矣賊果復出又三戰庚子夜甫及劉雅劉慶從百餘人出降遂與諸將語離城數十步官軍疾趨斷其後遂擒之壬寅甫等至越州式腰斬雅慶等二十餘人械甫送京師剡城猶未下諸將以擒甫不復設備劉從簡率壯士五百突圍走諸將追至大蘭山從簡據險自守秋七月丁巳諸將共攻克之台州刺史李師望募賊相捕斬之以自贖所降數百人得從簡首獻之諸將還越式大置酒

諸將乃請曰某等生長軍中久更行陣今年得從公破賊然私有所不諭者敢問公之始至軍食方急而遽散以賑貧乏何也式曰此易知耳賊聚穀以誘饑人吾給之食則彼不爲盜矣且諸縣無守兵賊至則倉穀適足資之耳又問不置烽燧何也式曰烽燧所以趣救兵也兵盡行城中無兵以繼之徒驚士民使自潰亂耳又問使懦卒爲候騎而少給兵何也式曰彼勇卒操利兵遇敵且不量力而鬬鬬死則賊至不知矣皆拜曰非所及也八月裘甫至京師斬于東市

加王式檢校右散騎常侍諸將官賞各有差先是上每以越盜爲憂夏侯孜曰王式才有餘不日告捷矣孜與式書曰公專以執裘甫爲事軍須細大此期悉力故式所奏求無不從由是能成其功

乾符二年黃巢爲亂入浙東開山路七百里鎮海節度使高騈遣其將張璘梁纘分道擊巢巢與浙東觀察使崔璆嶺南東道節度使李超書求天平節度使二人爲之奏聞朝廷不許宰相請除巢率府率從之巢得府率告身大怒詬執政卽日攻陷廣州别將陷

睦州婺州攻掠浙東是時錢鏐爲董昌偏將曰今鎮兵少而賊兵多難以力禦宜出奇兵邀之乃與勁卒二十人伏山谷中巢先鋒度險皆單騎鏐伏弩射殺其將巢兵亂鏐引勁兵蹂之斬首數百級鏐曰此可一用耳若大衆至何可敵耶乃引兵趨八百里八百里者地名也告道傍媪曰後有問者告曰臨安兵屯八百里矣巢衆至媪如其語告之巢衆不知是地名皆曰嚮十餘卒尚不可敵況八百里屯兵乎乃引兵還

宋宣和二年冬睦州淸溪縣民方臘起爲盜勢張甚及破杭州與越隔一水越大震官吏往往遁去知州事徽猷閣待制劉韐獨調兵築城固守令民富者出財壯者出力士民皆奮已而盜益熾連陷衢婺二州入新昌縣焚民居殆盡邑人董公健率鄉兵禦之不勝以三年二月抵越城下衆數萬有賊渠絳衣散髮被重甲而進自號佛母指呼羣盜蟻附攻城會有礮卒爲礮所激墮城中草積上不死具言賊中事韐麾衆出直攻其腹心破之禽佛母者賊遂大潰僵尸蔽

野不敢復進明台溫賴越禦賊唉牙得以皆全方受
圍時韐之子子羽年二十四五出入兵間且計且戰
得賊首躬視行刑於市色不變士卒恃以增氣初劉
韐募民能得賊首一級賞錢二萬待制沈調時爲士
曹掾聞之遽見請以爲如是則小人規利或殺平人
乞令必生擒乃給賞仍倍其數不閱日郡人俘數十
輩以獻命沈覈其實其間附賊者財三四人乃請盡
釋其餘劉韐從之自後凡有稱得賊者悉付沈辨驗
全活殆數千人賊寇犯餘姚越帥劉述古敗之於南

門橋時有毒蜂被野雲氣絕道寇駭益大敗

嘉泰四年冬有盜金十一者號鐵彈子聚衆剽掠不可制賊黨稍平謬傳其鬬死帥臣以聞已而復起白塔湖中尋伏誅

元至元二十六年二月婺寇楊震龍入新昌焚官舍民居畧盡達魯花赤魯火思密及千戸崔武德拒戰于長潭敗績武德死之三月初六日賊唐仲寇安仁鄉思密與戰于五峯嶺斬獲甚衆而震龍餘黨復聚思密與戰于湖蘆畈又會嵊兵于東陽討平之招撫

遺民兩縣以安

至正二十年三月婺寇馮輔卿陷新昌虞劉其民邑人董彥光率衆拒戰于松水嶺彥光兄弟皆死之

明正統十四年括蒼盜陶德二爲逆諸暨縣城嚴葉大山居民乘時嘯聚知縣張鉞討平之

國朝康熙十三年夏温台處山寇倡亂嵊縣諸暨等處不逞之徒所在竊發漫山賊壘烽火逼于郡南七月十三日賊兵薄城諸門晝閉登陴固守者三日夜知府許弘勳備禦有素臨事不驚率其僚屬并縉紳

士庶擐甲當先親冒矢石伺賊閒隙統兵開五雲門衝破賊營斬級數百賊即遁去城中晏然隨得　和碩康親王及制府達侍郎遣將提兵到郡協勦時郡城雖安而嵊暨賊勢猶熾論者遂有置二邑但守郡城之議弘勳以爲不然昌言于衆曰越郡爲浙東要區暨嵊二邑又郡之門戶不守二邑猶之乎不守郡城也乃謀諸將幸潛運著籌親荷韎韐偏師搗嵊別屬僚友分兵暨陽遂于仲冬之月偕叅將滿進貴由仙巖取道直抵賊巢進攻長嶺連破長樂太平開原

蔡家灣諸寨賊勢遂衰至于桂門山班師而歸計所擒僞文武職官袁爾章等二十餘員臨陣殺傷三十餘員兵卒六千餘級所獲軍資器械無筭于是出榜招諭降其酋孽馮瑞之等萬餘嵊境悉平暨陽諸邑亦望風解散〔余縉續保越録序〕保越録者紀唐宋以來節度刺史禦寇靖民之實蹟也續保越録者紀今紹守許公捍孤城殲羣逆討平郡邑諸山越之實蹟也公諱弘勳字元功三韓人由華胄起家郎署出守會稽郡巖郷也復瀕海公下車甫數月適逢閩變一時人情鼎沸公獨鎮静若平時修城浚隍敹干穀胄咸咄嗟立辦而民不知有警既而婺括之介流潰日衆奸民蜂起愚者率爲所迫遂長驅犯越時賊窺守將若拉朽内無勁旅外無援師謂越城可唾手拾耳幸公以文臣任武事措施優裕咸有成

筭殪諸城下幾盡覆之其竄伏外邑者率師躬討悉殄根株旬日閒遂清寧公之才固度越諸賢而誠心愛下廉平之德寔有以讋服人心故勸撫所及咸投戈涕泣用敢奮螳臂以當者嘗身詣賊巢止攜二三僕從諭以禍福賊既感悟已而有誘脅者謀將中變幾以不測加公左右皆洶懼或勸公微服潛遁公叱之曰吾既入虎穴寧畏虎子耶遂酣寢達旦賊皆歸騁不敢動有驚疑從間道逸去者轍爲邏卒所獲蓋公已先期設伏賊雖鋌走無一得脫者始相顧駭以爲神撫事乃定公之膽智絶倫類如此令公備兵海上鯨鯢絶跡方冀清廉之風久庇東浙而公竟以內艱歸兩郡士民攀轅泣留若疾痛之需父母制闋素重公欲勉留不可得則議暫借以伺新軫而公至性必不可奪遂力辭終制越人先勒石以銘之矣猶謂金石有時刋蝕惟誌之郡乘庶俾後之君子溯觀而知所取法焉爰不揣固陋述數語以繼古錄云

續保越錄　康熙甲寅歲春滇黔告變閩粵效尤浙之三衢首當鋒突既而甌括叛亂流氛所熾遂浸于越

屬之暨嵊新三邑奸民互相煽訌七月初旬連陷諸邑賊即窺伺郡城十二日賊至古博嶺官軍以衆寡不敵引次班竹菴十三日辰時戰于菴側官軍復小却賊乘勝攻常禧門幟習如蝟郡守許公慷慨登陴引民兵擊却之日晡賊復從城南渡河攻稽山門呼聲動地時東南隅守具甚薄乘城者咸股栗公介馬疾馳至則援巨砲擊之中賊皆糜碎賊魚貫攀堞以登公命善射者于睥睨隙伺之多應弦而斃由是賊勢漸沮自晨迄暮又自昏達曙賊百道進攻公隨機策應殺傷數百計其內薄先登爲巨石推壓者不與焉黎明賊飢就食村落食已復環城噪呼鋒刃耀日其生力者益至公令兵民休番蓐食以待之賊終日喧擾不息薄暮又自遶豐山渡河攻五雲門謂賊驕且憊可以出戰于是部署士馬潛啓甕鑰約以砲聲爲號突出截殺賊方輕官軍嬰城自守多拋戈甲裸而揮羽者有踞門嘲笑者門啓衆馳出疾擊斬獲數百級溺河外者不可勝數餘賊奔還稽山時觀者踴躍勇氣百倍是夕雖作飛橋運攻具而氣已盡奪矣

比明寧郡援師始至入自西門敵于濱武塲賊尚未知也敵畢公令啓常禧門出師師襲殺敗奔牛角湾再奔鵝歷殺溺死者亡筭生擒數十人又追至何山橋賊欲扼橋以拒我師乘勝蹂之又追至亭山賊猶據高圖。鬭已而會城兵大至賊遂驚潰蓋公已先期請濟師夾擊也是役也擊獲以千百計賊胆已墜然詢諸所獲賊諜則云昨指者尤在稽山之巨砲五雲之襄擊云先是郡兵六百餘人奉臺檄調援三衢管伍遂虛比賊附城城中兵不滿百樓櫓粗具士無固心公单騎呼于市市人持鉏挺從之者頃刻萬計咸曰我公呼我可不殫力殺賊以報乃德乎由是垣堞遂無隙地蓋前此臺符履下趣郡集民城守公曰小民各有生計無事而錮之城守是坐困也第令有急呼之可耳民懷公德故一呼罔不應者又公知城内賊細甚繁附城之夕必舉火爲内應下令凡衢巷俱家懸燈炬固守柵欄賊知有備終不敢發蓋内應絶而外應之勢自孤矣又稽山一門素稱僻陋稍不戒全城奚沸矣公納紳士議乘炬築之併撤春波橋以過其衝已而賊果犯門燬薪爇火終不能廹盎先事綢繆之力也至于擐甲登陴身當矢石目不交睫者三晝夜奪門出戰殲縛渠魁公之胆智絶人令聞風者罔不嘆服也嗣此嘗深入大嵐巨寇驚遁入海又嘗勦撫劉寇援帥償其負固欲盡屠之公力主招徠保全者億萬戸迄今言及咸感泣而公歷時已踰八載未嘗自述其蹟故日月姓名多不可詳考其度量深厚又如此

僭據

唐中和元年石鏡鎮將董昌引兵入據杭州遣將吏請于鎮海節度使周寶寶不能制表爲杭州刺史時臨海賊杜雄陷台州永嘉賊朱褒陷溫州遂昌賊盧約陷處州浙東觀察使劉漢宏遣弟漢宥及馬

步都虞候辛約將兵二萬營於西陵謀兼并浙西昌遣部將錢鏐拒之漢宥辛約皆走昌謂鏐曰汝能取越州吾以杭州授汝鏐曰然不取終爲後患遂將兵自諸暨趨平水鑿山開道五百里出曹娥埭浙東將鮑君福率衆降之鏐與浙東軍戰屢破之進屯豐山鏐克越州劉漢宏奔台州杜雄誘漢宏執送昌斬之詔進昌義勝軍節度使檢校尚書右僕射鎮越州以鏐知杭州後累拜昌檢校太尉同中書門下平章事爵隴西郡王乾寧二年昌將稱帝節度副使黄碣會

稽令吳鐐山陰令張遜皆不從昌盡殺之二月辛卯昌被衮冕登子城門樓即帝位悉陳瑞物於庭以示衆先是咸通末吳越間訛言山中有大鳥四目三足聲云羅平天冊見者有殃民間多畫像以祀之及昌僭號曰此吾鸑鷟也乃自稱大越羅平國改元順天署城樓曰天冊之樓令郡下謂巳曰聖人以前杭州刺史李邈前婺州刺史蔣瓌兩浙鹽鐵副使杜郢前屯田郎中李瑜爲相又以吳瑤等皆爲翰林學士李暢之等皆爲大將軍昌移書錢鏐告以權即羅平國

位以鏐爲兩浙都指揮使鏐遣昌書曰與其閉門作天子與九族百姓俱陷塗炭豈若開門作節度使終身富貴邪及今悛悔尚可及也昌不聽鏐乃將兵三萬詣越州城下至迎恩門見昌再拜言曰大王位兼將相奈何捨安就危鏐將兵此來以俟大王改過耳縱大王不自惜鄉里士民何罪隨大王族滅乎昌懼致犒軍錢二百萬執首謀者吳瑤及巫覡數人送於鏐且請待罪天子鏐引兵還以狀聞朝廷以昌有貢輸之勤今日所爲類得心疾詔釋其罪縱歸田里鏐

袁昌僭逆不可赦請以本道兵討之詔削昌爵委錢
討昌淮南節度使楊行密遣寧國節度使田頵潤州
團練使安仁義攻杭州鎮戍以救昌昌使湖州將徐
淑會淮南將魏約共圍嘉興鏐遣武勇都指揮顧全
武救嘉興破烏墩光福二寨二年二月用楊行密之
請赦昌復其官爵顧全武等攻餘姚明州刺史黃晟
遣兵助之昌遣其將徐昌救餘姚全武擊擒之昌使
人覘鏐兵有言其強盛者輒怒斬之言兵疲食盡則
賞之袁邠以餘姚降于鏐顧全武許再思進兵至越

州城下昌身閱兵五雲門出金帛傾鏐衆全武等益奮昌軍大潰遽去僞號復稱節度使全武四面攻未克會楊行密將臺濛取蘇州鏐召全武還全武曰賊根本在越今失一州而緩賊不可攻益急城中以户率錢雖簪珥皆輸軍昌從子眞得士心昌信讒殺之衆始不用命又減戰糧欲犒外軍下愈怨反攻昌昌保子城鏐將駱團入見紿言奉詔迎公居臨安昌信之全武執昌還及西江斬之傳首京師滅其族

元至正八年方國珍起兵掠沿海州縣國珍一作谷

珍台之黃巖八十一年降于元受官十二年復刦衆
下海十三年復降元得徽州治中之命仍疑懼覬望
元復以國珍爲海漕萬户弟國璋爲衢州總管國珍
雖受元官實擁兵自固遂據溫台慶元等路十八年
侵據餘姚上虞以曹娥江爲界十九年三月明太祖
時號吳國公遣典籤劉辰招之國珍奉書幣以三郡來
獻秋國珍築餘姚城十二月元以國珍爲江浙行省
平章政事國珍復受之二十五年進淮南行省左丞
相二十六年又改江浙行省左丞相封衢國公弟國

珉及子明善俱平章政事國珍益驕蹇持二端明太祖再遣使招之國珍云俟大軍克杭州即納土及杭州平國珍自據如故猶自海道輸粟元都二十七年明太祖既克張士誠乃命湯和吳禎率常州長興宜興江淮諸軍討之禎引舟師乘潮入曹娥江平壩通道出其不意上虞餘姚降大軍抵車廄上又命朱亮祖別攻下台溫國珍惶懼奉表乞降湯和遣使送至南京赦不誅三郡悉平

【兵變】宋建炎二年秋八月一日夜半杭州第三將下

卒陳通林永誘兵勝萬全歸遠龍騎指揮嬰城叛囚
守臣葉夢得等殺將官田均明日外沙巡檢司越州
西興鎮沿江巡檢司皆以變狀來告又明日杭州司
錄范正巳適在城外亦來告知越州翟汝文聞之乃
出兵躬治兵凡禁旅弓手保甲七千有奇命副總管
高棣分部伍知山陰縣王鑄集芻糧又分遣官屬至
所部六州益發兵汝文遂禡祭牙神出師次西興耀
兵江上遣人齎旗榜入杭州城開示禍福又奏乞并
將浙西諸州兵滅賊有保甲於繖獨冒兵先登死之

汝文親作文祭之慷慨流涕於是士皆思奮汝文乃先作檄賊露布會朝廷以節制付浙西提點刑獄高士瞳周格格爲賊誘殺士瞳亦遁去惟浙東之師不少挫賊凜然知懼城中吏民及寓居士大夫悉賴以全十二月御營使司都統制王淵遂平杭州汝文以不能成功降顯謨閣直學士然陳通初叛包藏不軌之志陰遣姦人結台州仙居天台縣魔賊俞道越州新昌縣魔賊盛端才董閏約同日起事汝文設方畧悉捕誅之以故無應者

三年十一月丙申命朝奉郎中書門下省檢正諸房公事傅崧卿帶本職爲浙東防遏使行至衢州有任士安將下潰兵近萬人其爲首者曰成皋等五人號五朶花方圍婺州崧卿單騎晝夜疾馳至其營未旦朝服趨入叱責之徐諭以禍福皋等皆俯伏曰惟公命崧卿乃爲具奏皆命以官而納其兵於麾下會得報有統制官關濟者乘金人委會稽去乃以李鄴降金爲邦人之罪由五雲門入揚言將屠城脅而求財殺掠縱横崧卿乃先遣防遏司統制侯延慶步汝霖

及成臯等帥師馳入會稽嵩卿以中軍繼至關濟窘蹙乃與腹心跳登戢山絕頂以弓弩自衛其徒閉開元寺堅守俄攻下之又俘關濟于戢山嵩卿數其罪斬于開元寺之西由是一府皆安嵩卿亦就除知越州兼浙東安撫使方是時李叅政光以書勉嵩卿曰公今大權在手可以有爲非如曩日短檠相對扼腕夜語時也蓋平日常相期以忠義云

南渡 宋建炎三年冬十月金兀朮自建康至臨安聞帝在明州遣阿里及蒲盧渾帥精騎四千渡浙江追

之知越州李鄴以城降衛士唐琦以巨磚擊金將琶八不中爲所執死之阿里蒲盧渾遂破東關兵濟曹娥江時車駕駐餘姚縣令李頴士張疑兵禦之帝如明州金人火餘姚令丞皆奔節級周珉殺縣武尉屠其家金人至明州敗劉統制保於高橋楊沂中及知明州劉洪道復殊死戰破之金使來召南人至砦計事張俊命小校往金人與語欲宋入越州請降俊拒之淸野自守四年正月張俊劉洪道敗金人阿里蒲盧渾退屯餘姚遣人請師於兀朮兀朮使當海濟師

遂入明州追帝至章安提領海舟張公裕擊却之兀木及阿里蒲盧渾俱北歸餘姚令丞歸視事斬周珉

倭寇 即日本漢武帝時始通中國入貢其後或貢或否元世祖時嘗遣師十萬征之俱覆没明洪武初嘗入貢十六年詔絕其貢永樂後仍入貢亦間入寇正德四年日本國遣宋素卿入貢或云素卿乃鄞人朱縞鬻于倭在彼國稱明宗室爲人傾險輔庶奪嫡遂大有寵至是充使來貢重賄太監劉瑾蔽罪其事此禍端也嘉靖二年四月定海關倭船三隻譯傳西海

道大內誼興國遣使宗設謙入貢越數日又至海船一隻復稱南海道細川高國遣使入貢其使即素卿也導至寧波江下市舶太監賴恩私素卿重賄坐之宗設之上又貢船後至先與盤發宗設怒遂相讐殺宗設黨追逐素卿過餘姚知縣丘養浩率民兵禦之被傷數人經上虞莫之敢攖直抵紹興府城東閭巷男婦盡驚號府衛官僚鬨計於王新建守仁新建曰若得殺手數百可盡擒之今無一卒圖擒難矣但可自固守耳月餘不能入素卿匿於城西之青田湖宗

設求之不獲退泊於寧波港指揮袁進邀之敗績賊攻定海城不克遂出海備倭都指揮劉錦追擊於海洋復敗沒賊船揚揚然去已而被風漂一艘於朝鮮朝鮮王李懌擒其帥中林望古多羅械致京師先是素卿已下浙江按察司獄遂下浙江並勘訊焉久之皆死於獄十九年閩人李光頭歙人許棟逸福建獄入海引倭結巢於霩𩅦之雙嶼港出沒諸番海上屢驚焉二十七年巡視都御史朱公紈遣都指揮盧鏜等搗雙嶼巢四月擒李光頭焚其營房戰艦六月又

擒許棟賊淵藪空焉而歙人王直收其餘黨爲亂三十一年叩定海關求市不許遂移巢烈港官兵襲之移馬蹟潭三十二年四月賊蕭顯自平湖來叅將湯克寬邀擊於鱉子門破之是月乙未賊陷臨山衛巳亥叅將俞大猷破走之八月賊林碧川等自崇明修船爲歸計都御史王公忬度其必入浙預令都指揮劉恩至指揮張四維百戶鄧城分爲二哨一自觀海臨山趨乍浦遏其來一自長塗沈家門設伏邀其去賊果南遁官兵與遇於普陀落江海洋敗之十二月

賊寇瀝海所城千戶張應奎百戶王守正張永俱死之三十三年正月蕭顯敗於松江南奔入浙鎮撫彭應時禦之敗死賊進至海鹽之二十里亭參將盧鏜追擊敗之賊由赭山遁走止屯三江歷曹娥瀝海餘姚挫於龍山圍於定海困於慈谿盧鏜及劉恩至張四維潘亨分道夾擊大敗之斬蕭顯九月林碧川沈南山等率衆自楊哥入掠浙東蕭山臨山瀝海上虞十月寇觀海衛十一月賊自仙居向諸暨居民悉逃贊畫周述學謂知縣徐槐曰諸暨人强族衆今雖逃

不遠公下令則鄉夫可集兩關有兵賊不犯矣慨然之即步往東關時天已暮惟一老人來謁檄令諭居民衆遂至千餘裂衣爲旗拆籬舉火鳴金鼓發火砲喊聲大震令南關亦如之是夜二更賊至見有備遂由山徑入山陰境至府城南城內不知莫爲備常禧門尚開賊登跨湖橋覘見城堞高聳疑不敢入乃往柯橋遇鄉民姚長子貫其肘使爲導長子紿之西而密謂鄉人曰俟賊過某橋若等急毀之我死不恨遂誘賊於化人壇四面皆水總兵俞大猷會稽典史吳

成器各率兵奮擊悉勦之斬首二百餘級賊竟殺長子三十四年四月松浦賊自錢倉白沙灣抄掠寧海趨樟村百戸葉紳劉蔓祥韓綱俱死之遂至上虞東門外燒居民房屋渡江遇御史鄞人錢鯨殺之至皐埠兵備副使許東望知府劉錫典史吳成器各率兵圍之至夜賊乘兵倦遁走五月楊哥賊犯餘姚省祭官杜槐率鄉兵禦之斬首一人從賊三十二人槐力竭死既而賊犯鳴鶴場盧鏜擊敗之淞浦賊寇爵溪所不克進寇餘姚初餘姚後清門外有橋甚雄壯鄉

士夫以賊將來議毁之人猶二三巳竟拆焉壓沒十餘人怨詈盈道後三日賊至適潮漲甚不能渡望洋而歎江南鄉兵奮擊之賊去寇三山所把總劉朝恩受院檄他部甫離所一舍許聞報即馳還固守霖雨城圮數十丈或勸朝恩突走朝恩曰世受國恩今正報效之秋豈可以事權去輒規避也遂躬捍把所督戰復作木城障之城上矢石如雨不能中賊朝恩曰此幻術也投以生犬首發矢中其首貫喉而斃賊驚潰走朝恩追斬數級六月楊哥賊自觀海出洋都指

揮王霈等邀擊於霍山洋敗之沉其舟是月叅將盧鏜敗賊於馬鞍山新林復追敗於勝山龜鼈洋十一月淞浦賊復自溫州登海歷奉化遂犯餘姚叅將盧鏜遇於丈亭令所部兵能倭語者倭飾紿賊曰餘姚兵盛不可敵吾等宜南行遂逶迤入四明山中慈地險巇僻遠避寇者恒之焉居民弗虞寇至不爲備焚刦尤慘時天大雪鏜尾其後經歷文某與接戰于苦竹嶺副使孫宏軾又調奇兵與戰于析開嶺于翁家村皆不能勝至斤嶺餘姚謝生軍及之謝生者太學

生名志望文正公曾孫也捐家貲募勇敢五百人分
三隊張左右翼禦賊酣戰自卯至午殺賊九人射傷
二三十人矢盡力疲猶奮呼陷陣生貌美皙賊意其
帥也叢刃殺之會盧鏜軍亦至復戰于斤嶺于梁衕
賊少却走龔家畈復至上虞東門河南毛葫蘆兵迎
戰于花園損二百餘人賊遂從北城外由百官渡曹
娥江餘姚庠生胡夢雷與從兄應龍操六等率鄉兵
邀賊戰于東關死之賊順流而西是時提督胡公宗
憲方在浙西勦川沙之賊移檄諸將無力戰者乃身

率大兵至於是僉事李如桂王詢指揮楊永昌知事何常明典史吳成器等併力追戰于瓜山又大戰于三界先是許東望請以山陰人金應暘爲賛畫團練鄉兵千餘人宗憲又益以武生項益隆所領處州兵二百人至是與賊迎戰于五婆嶺時賊百餘官兵數千見賊即走處兵與賊血戰自辰至巳五十六人死于陣而應暘手刃數賊竟死之賊亦被殺死十餘人是日宗憲斬不用命者兵五人于五雲門翌日賊遁丁村盧鏜追擊之斬首二十六級賊大懼以銀物餌

之我兵潰次日暮何常明哨賊被殺宗憲督兵次長山聞報大怒拔劍欲自刎李如桂奪劍救免丙午宗憲壁龕山之巔盧鏜以丁村功獻宗憲恐賊渡錢塘江也促鏜再戰鏜曰士疲矣休養數日乃可料茲賊須鏜了非茲毛頭所能也宗憲佯諾與山陰人故郎中王畿計之畿密諭親兵曰爾等豢養久未立戰功今賊將滅而諸將逗遛不進且盧參戎以毛頭目爾爾能無耻乎乘其不意襲之賊可盡也衆踴躍請效死即令吳成器兼率以進不數里遇賊死戰無不一

當十賊遂大敗循海而走奔匿於龕山之坡下小堡內我兵乘勢圍攻之賊登屋櫛瓦瓦盡繼之以槍槍盡投刀刀盡乃下死守我兵急攻破之悉斬首以獻時日且暝宗憲命取賊心啖之選獰首級二十餘顆置案上每顆爲飲一觥暨曉諸營方知破賊相率入賀宗憲謂鏜曰再遲一二日何如鏜大慚服閏十一月淞浦賊復自溫州南麂山來至平陽之三港守備劉隆千戶鄭綱百戶張澄皆戰沒賊遂趨台州漸北向欲與紹興賊合提督胡宗憲令天台以南知府

譚綸兵擊之新昌以北容美宣撫田九霄兵擊之吳成器爲先導十二月乙未賊抵新昌焚民居殺戮一二百人屯醴泉知縣萬鵬率民兵拒之不克賊亦去聞紹興誠已破畏譚兵及土兵猶豫莫定所往至嵊之上館嶺會容美兵陳而待田九霄以正兵當其前田九章援兵繼進左翼則留守王倫伏兵當之右翼則經歷畢爵伏兵當之以一部誘賊出戰良久伏兵起左右夾擊而指揮吳江率部兵遶賊後且多張旗幟爲疑兵賊四面受敵遂大潰且戰且走我兵追之

入清風嶺俘斬一百七十餘是賊之未敗也淞浦賊又有自福寧州來者越平陽仙居至奉化與錢倉賊合幾七百人入紹興勢益滋蔓田九霄既破賊清風嶺提督胡宗憲復命副使許東望杭州府同知曲入繩同九霄往邀之遇賊於西小江橋僅隔一河宗憲於馬上自持一幟作指揮狀示之賊止聚觀宗憲笑曰此易與耳若不顧而南其氣未可乘也即率兵渡河九霄邀其前入繩襲其後賊見兩兵夾至大怖走後梅墅民舍官兵圍之三匝縱火夾攻死者甚衆宗

憲躬立於田中督戰曰賊若乘我兵半渡迎擊勝負未可知今已投死地猶釜魚耳何能爲周述學曰賊至夜必南逸急投伏邀擊山陰知縣葉可成曰西嶺之巔可伏也從之時值天雨夜二更大霧咫尺莫辨賊乘黑衝圍典史吳成器故善戰驅兵奮擊頗有擒斬然脫走者衆果由西嶺南遁夜將半嶺畔伏兵起賊驚潰遂大敗之斬首及焚死者二百有奇餘奔太平蒲岐港官兵追之賊堅壁不出乃夜逼壘投以火器賊驚起自相攻殺比明乃遁出洋得脫者無幾矣

三十五年四月賊周屹勾引豐洲賊數千人自鳴鶴嶼山三江登掠次日合寇觀海衛弗克寇龍山所庠生李良民率兵禦之乃解去掠慈谿縣時縣無城被害甚慘酷知縣柳東伯募都長沈宏舉族禦之斬首數百級賊遁欲入掠餘姚盧鏜遏之於丈亭大敗之餘姚士民爲勒石頌功云五月賊分二支復入一櫌慈谿縣一攻龍山所所中兵擊賊數十人死乃解去盧鏜復追敗之擒周屹餘黨遁入五峙洋八月庚寅盧鏜擊蘇常遁賊及寧紹餘黨至夏蓋山三江海洋

與戰于金塘馬墓之間大敗之沉舟數十斬首六百五十有奇乙未賊八百餘至慈谿據丘王二家爲巢進寇龍山所參將盧鏜戚繼光副使許東望王詢各率部兵二千把總盧錡等亦率部兵二千遊擊尹秉衡率北兵三千遇于鴈門嶺等處連戰皆敗九月巳未提督阮公鶚親督官兵來稍稍破之賊夜遁鶚又督秉衡錡追至桐嶺誤中伏賊夾擊我兵大敗賊至樂清出海三十六年十一月壬子王直欵定海關執無印表文稱豐州王入貢且要求互市先是軍門

大臣以直爲亂因於徽州收其母妻及子下金華府獄後胡宗憲爲提督乃出之給以美衣食奉之爲餌會朝廷遣寧波庠生蔣洲陳可願充市舶提舉宣諭日本國王宗憲因密諭令招徠王直至是直來宗憲已晉總督列狀上請詔不許命相機擒勦宗憲奉詔秘而不宣馳駐餘姚以夏正爲死間諭直來見直遣義子王滶及葉宗滿先來至餘姚宗憲盛陳軍儀納其降且與連牀臥因露諸將請戰書十餘通于几上而含糊作寐語大畧欲全活直之意然滶出猶詗城

守具察兵數宗憲恐其逸去乃命二人同往見按院藩臬延緩之又令直子滶以血書諭直復發金帛間其黨直乃因夏正報曰即歸命但部兵無統欲得王滶攝之盧鏜曰以犬易虎不可失也宗憲遣之越數日直不來復令劉朝恩陳光祖夏正吳成器陳可願往說之且以夏正妻楠爲質直乃入見盧鏜于舟山中所城宗憲馳至定海直來見宗憲溫語慰之遂執送按察司獄疏直罪狀上請三十八年十二月得旨斬于杭州市自是越中鮮倭患

紹興府志　卷之二十六　武備志二

紹興府志卷之二十七

職官志一

統轄

志以郡名官以郡載若乃臺憲監司職非專一郡者例不宜書今冠以統轄者何蓋前代都督觀察提舉提刑諸曹節鎮一方建治東越澤之所被者深矣雖百世能無思乎嘉靖中年倭寇煽虐特命藩參專守茲土其於吾民親而且尊弗紀曷以示後於是采唐宋元明以至今茲爲統治者隨代敘官庶不爽其實

焉

越

文種主四封之內有傳

晉

王舒臨沂人成帝咸和二年撫軍將軍內史後復假節行揚州刺史事有傳

江虨穆帝永和十二年護軍將軍內史都督會稽東陽新安臨海建安五郡軍事

郗愔高平人廢帝太和末輔國將軍內史遷都督浙江東五郡軍事因居會稽

王薈臨沂人導之子孝武寧康元年左將軍內史都督五郡軍事

王蘊孝武定皇后父太元三年都督五郡鎮軍將軍內史有傳

孔安國山陰人愉之子太元六年鎮軍將軍內史都督五郡軍事見列傳

謝琰安之子太元十三年征北將軍內史都督五郡軍事見王恭傳

謝輶會稽人太元十六年內史都督五郡軍事

謝元太元十九年左將軍內史都督五郡軍事見列傳

王凝之羲之子安帝隆安元年左將軍內史都督五郡軍事

王愉太原人述之子元興元年內史都督五郡軍事

宋竟陵王誕文帝元嘉二十六年安東將軍都督五郡領太守後以五郡爲會州復刺史

廬江王禕元嘉二十九年冠軍將軍太守都督五郡軍事世祖卽位再任

晉熙王昶世祖時東中郎將太守監五郡諸軍事孝武孝建元年復爲東揚州刺史

顏峻瑯琊人大明元年太守東揚州刺史都督浙東五郡諸軍事

豫章王子尚太明三年東揚州刺史都督五郡軍事領太守

潯陽王子房 前廢帝景和元年右將軍督五郡軍事領太守

巴陵王休若 明帝太始元年持節都督五郡軍事領安東將軍太守

張永 吳人裕之子太始三年後軍將軍太守加都督

蔡興宗 太始六年鎮東將軍太守加都督五郡諸軍事有傳

王延之 太始七年後軍將軍太守都督五郡軍事

王僧虔 太始八年太守都督五郡軍事有傳

王琨 後廢帝元徽元年太守都督五郡軍事

江夏王躋 元徽三年督五郡軍事太守進右將軍

蕭子良 道成第三子順帝昇平三年太守都督五郡軍事有傳

齊武陵王曅高帝建元二年太守加都督有傳

王敬則臨淮人武帝永明元年太守都督五郡軍事

張緒吳郡人永明四年太守都督五郡軍事

梁永陽王伯游武帝天監元年督五郡軍事輔國將軍領太守

武陵王紀天監十八年太守仍爲東揚州刺史加使持節東中郎將

蕭祇普通三年東揚州刺史領太守有傳

南郡王大連太清元年出使持節輕車將軍東揚州刺史領太守

南海王大臨簡文帝太寶元年東揚州刺史領太守

安陸王大春大寶元年出使持節雲麾將軍東揚州刺史領太守

陳霸先　字興國小字法生吴興長城下若里人也少俶儻有大志不事生產及長好讀兵書明緯候遁甲之術吴興太守蕭映見而奇之映遷廣州辟霸先爲參軍以討賊功進交州司馬所向摧陷廣賊悉平太清二年侯景叛霸先率兵赴援湘東王繹承制授霸先交州刺史尋改封長城縣侯都督會稽五郡諸軍事領會稽太守與王僧辯討侯景誅之湘東王繹即位是爲元帝甫三年魏伐梁入江陵執繹殺之繹子方智立於尋陽是爲敬帝王僧辯奉貞陽侯蕭淵明歸建康立之改元天成降方智爲太子明年霸先殺王僧辯廢淵明仍立方智又明年霸先自爲長城公尋篡位國號陳都建康改元永定今會稽縣東二里長春觀相傳爲霸先居第後捨以爲觀云

張彪　襄陽人元帝承聖二年東揚州刺史見忠節傳

陳蒨　字子華霸先從子也少沉敏有識量留意經史霸先愛之梁大寶二年霸先以平侯景功

進司空儁爲吴興太守承聖三年討張彪以功授持節都督會稽五郡諸軍事宣毅將軍會稽太守儁起布衣知百姓疾苦務從儉約及霸先踐祚立儁父爲始興王儁爲臨川王武帝崩徵儁嗣位是爲陳文帝

陳

沈恪 武康人武帝永定三年太守進督會稽東陽新安臨海永嘉建安晉安新寧信安九郡軍事

徐度 文帝天嘉元年鎮東將軍領太守都督九郡軍事

始興王伯茂 天嘉三年鎮東將軍東揚州刺史又領太守領會稽東陽臨海永嘉新安新寧晉安建安八郡軍事

鄱陽王伯山 廢帝光大元年鎮東將軍東揚州刺史領太守後持節都督東揚豐二州

永陽王伯智 宣帝太建二年爲使持節都督東揚豐二州軍事平東將軍領內使

新蔡王叔齊　大建七年東中郎將軍東揚州刺史領太守

蔡景歷　濟陽考城人大建九年以長史帶郡守行東揚州府事

蕭巖　後主貞明元年平東將軍東揚州刺史領太守

隋

楊素　文帝時以平陳功封郢素言於帝曰郢逆人王謚舊封邑臣不願與同乃封之越而身在朝廷江浙賊高知慧等舉兵反自稱大都督攻陷州縣詔素爲行軍總管擊破之知慧從餘姚走海上趣永嘉素復擊走之修會稽郡城築子城詔素入朝素以餘寇未殄復自請行乃乘傳至會稽及知慧既平而後北還大業中改封楚其年病死

按楊素弑逆之徒無足齒而破海寇築郡城功在吾越則不可盡沒云

唐

麗王　高祖朝自梁州總管徙越州都督有傳

李大亮武德七年爲越州都督越婺泉台建栝六郡有傳

田德平太宗貞觀七年任

馮大恩貞觀九年任

齊善行貞觀十七年任

王奉慈高宗永徽二年任

于德方永徽五年任

段寶命顯慶三年任

唐同仁龍朔元年任

劉伯英乾封元年任卒于官

李孝逸咸亨二年任

季孝廉儀鳳三年任

崔承福永淳元年任

李思貞中宗嗣聖元年任

郭齊宗嗣聖元年任

楊元節萬年人嗣聖二年任

李奇容嗣聖三年任

遯知遜嗣聖三年任

豆盧欽望 萬年人嗣聖九年任　錢節 嗣聖十四年任

蔡德讓 嗣聖十八年任　竇懷貞 嗣聖二十一年任有傳

麗貞素 神龍元年任　張合懃 神龍二年任

胡元禮 神龍三年任　姚崇 景隆元年任有傳

楊祇本 景隆二年任　尹正義 景隆三年任

王希雋 景隆四年任　高智周 常州人以上皆稱都督

齊澣 定州人元宗開元三十六年授江南東道採訪使

李希言 肅宗乾元元年節度使領越婺睦衢台明溫括八州暨浙東道

獨孤峻 乾道二年任　王嶼 上元元年任

呂延之 河東人代宗廣德元年任　杜鴻漸 濮州人廣德二年任

趙良弼 永泰元年任　薛兼訓 大曆二年任以上皆浙東道節度使

陳少游 大曆五年任是歲廢節度使置都團練觀察使

皇甫溫 大曆九年爲觀察使　崔昭 大曆十一年任爲觀察使

韓滉 德宗貞元元年爲浙江東西觀察使有傳

皇甫政 貞元三年任是歲復置浙東道領七州而睦州改隷浙西有傳

李若初 貞元十三年任　裴肅 貞元十四年任有傳

賈全 貞元十八年任　楊於陵 順宗永貞元年任有傳

閻濟美 憲宗元和二年任　薛苹 元和二年任有傳

李遜元和五年任有傳　孟簡元和九年任有傳

薛戎元和十二年任有傳　丁公著吳人穆宗長慶元年任

元稹長慶三年任有傳　陸亘文宗太和三年任附孟簡傳

李紳太和七年任　高銖太和九年任

李道樞開成四年任　蕭俶開成四年任

李師稷武宗會昌二年任　元晦會昌五年任

楊漢公宣宗大中元年任　李栻大中二年任

李褒大中三年任　李訥遜之姪大中六年任

沈詢吳人大中九年任　鄭處晦滎陽人大中十二年任

鄭祗德大中十三年任　王式大中十四年任有傳

鄭裔綽滎陽人懿宗咸通三年任　楊嚴咸通五年任

王渢咸通八年任　李鄠長安人咸通九年任

李紵咸通十一年任　王龜式之弟咸通十三年任

裴延魯咸通十五年任　崔璆僖宗乾符四年任

柳瑫乾符六年任以上皆浙東道觀察使

劉漢宏廣明元年爲觀察使中和三年改浙東道觀察使爲義勝軍節度使復授後爲董昌所害

董昌臨安人光啓二年爲義勝軍節度使三年改爲威勝軍昭宗乾寧二年以叛誅

黄碣光啓三年爲威勝軍節度副使有傳

錢鏐 乾寧三年以鎮海軍節度使兼領改威勝軍爲鎮東軍見王侯傳

五代

皮光業 襄陽人唐明宗長興三年爲兩浙觀察使

謝思恭 唐末帝清泰中爲鎮東軍節度使

錢倂 鏐之孫晉高祖天福三年爲浙東觀察使

宋

錢儀 鏐曾孫太祖乾德四年爲鎮東軍節度使

錢惟治 鏐曾孫開寶四年爲鎮東軍節度使

林從周 潮州人仁宗至和中浙東提點刑獄

吳昌裔 中江人至和中浙東提刑

李謙亨 曲沃人英宗治平中浙東海右道廉訪使

張載 鳳翔人神宗熙寧二年浙東提刑

白貝 哲宗元符三年浙東提刑

王祖道元符三年浙東提刑　胡師文徽宗崇寧元年浙東提刑

程遵彦崇寧元年浙東提刑　蔡肇崇寧元年浙東提刑

虞謩崇寧元年浙東提刑政和三年再任　周彦質崇寧二年浙東提刑

强浚明崇寧三年浙東提刑　祖理崇寧三年浙東提刑

黄克俊崇寧四年浙東提刑　馬玿崇寧五年浙東提刑

董正封大觀元年浙東提刑　錢景逢大觀元年浙東提刑

盛章大觀二年浙東提刑　畢漸大觀二年浙東提刑

朱維大觀三年浙東提刑　蔡安持大觀四年浙東提刑

李景夏政和元年浙東提刑　周邦式政和二年浙東提刑

羅選 政和三年浙東提刑

盧天驥 政和六年浙東提刑

周格 政和八年浙東提刑

蔡佃 政和八年浙東提刑

鄭南 宣和二年浙東提刑

張苑 宣和二年浙東提刑

楊應誠 宣和三年浙東提刑

章鯨 宣和三年浙東提刑

高士曈 宣和三年浙東提刑

王仲閎 宣和四年浙東提刑

胡遼 宣和五年浙東提刑

孫莊 宣和六年浙東提舉常平

柳宗傑 宣和七年浙東提刑

王賜 宣和七年浙東提舉

鄭松年 宣和七年浙江提舉

翟汝文 丹陽人欽宗靖康元年知州兼浙東安撫使

李質 靖康二年浙東提刑

張伯麈 高宗建炎二年浙東提舉

李遷 建炎二年浙東提舉

王翮 建炎三年浙東提舉

李顯忠 清澗人建炎中浙東副總管在寓賢傳

蔡向 建炎四年浙東提舉

韓膚胄 建炎四年浙東提刑

施坰 建炎四年浙東提刑

孫近 紹興二年浙東提刑

王然 紹興二年浙東提舉

張宗臣 紹興三年浙東提刑

韓協 紹興三年浙東提舉

周綱 紹興三年浙東提刑

明橐 紹興四年浙東提刑

韓臨亭 紹興五年浙東提舉

劉一止 紹興六年浙東提刑

胡說修 紹興七年浙東提舉

張宇 紹興九年浙東提舉
范同 紹興九年浙東提刑
李維 紹興九年浙東提刑
宋孝先 紹興十年浙東提刑
呂用中 紹興十年浙東提刑
王秩 紹興十年浙東提舉
虞流 紹興十二年浙東提舉
韋壽成 紹興十三年浙東提舉
吳序賓 紹興十三年浙東提刑
范振 紹興十三年浙東提刑
朱敦儒 紹興十五年浙東提刑
高世定 紹興十五年浙東提舉
鄭僑年 紹興十五年浙東提舉
梁汝嘉 麗水人紹興中浙東制置使
林師說 紹興十七年浙東提刑
秦昌時 紹興十七年提舉復除提刑
游棪 紹興二十年浙東提舉
高百之 紹興二十二年浙東提舉

黃兑新昌人紹興二十五年浙東提舉　曾幾贛人紹興二十五年浙東提刑見寓賢傳

邢純紹興中浙東安撫使　宋棐紹興二十六年浙東提刑

趙公稱紹興二十六年浙東提舉

邵大受紹興二十七年浙東提舉二十八年改提刑

都潔紹興二十八年浙東提舉　徐度紹興二十九年浙東提刑

張廷實紹興三十年浙東提舉　樊光遠紹興三十一年浙東提刑

喻樗南昌人紹興三十二年浙東提舉有傳　王祼孝宗隆興元年浙東提刑

高敏信乾道元年浙東提舉　任文薦乾道元年浙東提刑

宋藻乾道元年浙東提舉　張津乾道二年浙東提刑

柳大節乾道三年浙東提刑　徐藏乾道三年浙東提舉

芮華乾道四年浙東提刑　程大昌乾道五年浙東提刑有傳

蘇嶠乾道五年浙東提舉　唐閱山陰人乾道中浙東檢察使

龔輿湘陰人乾道中浙東檢法　林藏吳人乾道中浙東提舉

張方乾道六年浙東提刑

范成象乾道七年浙東提刑　張掄乾道七年浙東提刑

唐閎乾道七年浙東提舉　鄭良嗣乾道七年浙東提舉

鄭興裔乾道九年浙東提刑　趙彥端乾道九年浙東提刑

劉孝韙乾道九年浙東提舉　韓俁淳熙元年浙東提刑

胡仰 淳熙元年浙東提刑

折知常 淳熙元年浙東提舉

吳交如 淳熙二年浙東提刑

芮煇 淳熙二年浙東提刑

陳舉善 淳熙二年浙東提舉

何偁 淳熙三年浙東提舉

姚宗之 淳熙四年浙東提舉七年提刑

傅自得 淳熙五年浙東提刑

趙益 淳熙五年浙東提刑

鞏湘 淳熙五年浙東提刑

李宗質 淳熙六年浙東提舉

趙韞 淳熙六年浙東提舉

傅淇 淳熙八年浙東提刑

張詔 淳熙八年浙東提刑

朱熹 淳熙八年浙東提舉有傳

余禹成 淳熙九年浙東提舉

勾昌泰 淳熙十年浙東提舉十二年提刑

丘崈 淳熙十年浙東提刑

趙公碩 淳熙十二年浙東提刑
岳甫 淳熙十二年浙東提舉
延璽 淳熙十三年浙東提刑
田渭 淳熙十四年浙東提舉
趙不違 淳熙十五年浙東提刑
鄭湜 淳熙十六年浙東提舉
袁說友 淳熙十六年浙東提舉
周頡 淳熙十六年浙東提刑
蔡戡 光宗紹熙元年浙東提刑
林提 紹熙元年浙東提刑
虞儔 紹熙二年浙東提刑
李沐 紹熙二年浙東提舉
黃唐 紹熙二年浙東提舉
陳杞 紹熙三年浙東提舉四年提刑
陳倚 紹熙二年浙東提刑
衛涇 紹熙四年浙東提舉
李謙 紹熙四年浙東提舉

李大性　紹熙五年浙東提舉寧宗慶元元年提刑

謝源明　慶元元年浙東提刑

莫漳　慶元二年浙東提舉

劉誠之　慶元二年浙東提舉

張伯垓　慶元三年浙東提刑是年復知紹興府

張宓　慈溪人浙東安撫使

張孝曾　慶元四年浙東提刑

俞豐　慶元四年浙東提刑

趙公豫　慶元四年浙東提舉

李洪　慶元五年浙東提舉

葉籈　慶元六年浙東提舉

張經　嘉泰元年浙東提舉

李浹　嘉泰三年浙東提舉

章燮　嘉泰四年浙東提舉

傅伯成　開禧二年浙東提刑

范應鈴　豐城人開禧中浙東提刑

李鈺　開禧三年浙東提刑是年復知紹興府

孫昭先 開禧三年浙東提刑　魯幵 開禧三年浙東提舉

譙令憲 嘉定二年浙東提刑　孟櫨 嘉定二年浙東提舉

王遇 嘉定三年浙東提舉　王渥 嘉定四年浙東提舉五年提刑

趙彥倓 嘉定四年浙東提刑　程覃 嘉定六年浙東提舉是年任提刑

葉箋 嘉定八年浙東提刑　李琪 嘉定八年浙東提舉

沈皡 嘉定十年浙東提刑　趙沆夫 嘉定十年浙東提舉

喻珪 嘉定十一年浙東提舉　汪綱 黟縣人嘉定十二年提刑後知紹興府

章良朋 嘉定十三年浙東提舉　齊碩 嘉定十六年浙東提舉

糜溧 理宗寶慶二年浙東提刑　金鑄 寶慶二年浙東提舉紹定元年再任

李壽朋寶慶三年浙東提舉

汪統紹定元年浙東提刑

葉棠紹定二年浙東提舉四年提刑

黃壯猷紹定六年浙東提舉

曾天麟端平元年浙東提舉

李大謙端平元年浙東提刑

牛大年端平元年浙東提刑

曹豳端平三年浙東提刑有傳

陳振孫端平三年浙東提舉

潘剛中嘉熙元年浙東提刑

衛洙嘉熙元年浙東提舉

項容孫嘉熙二年浙東提刑

章謙亨嘉熙三年浙東提刑

范鍇嘉熙三年浙東提舉

馬光祖嘉熙四年浙東提舉淳祐元年提刑

徐鹿卿淳祐元年浙東提刑有傳

呂午淳祐二年浙東提刑

陳晉接 淳祐三年浙東提刑

袁立儒 淳祐三年浙東提舉十二年提刑

董顧 淳祐三年浙東提舉

趙性夫 淳祐四年浙東提刑

章端子 淳祐五年浙東提舉

趙與杰 淳祐六年浙東提舉

楊伯嵒 淳祐七年浙東提刑

高斯得 淳祐八年浙東提刑

洪薿 淳祐八年浙東提刑

嚴粲 淳祐九年浙東提舉

馬天驥 淳祐十年浙東提舉

蔡抗 淳祐十一年浙東提刑

謝奕修 淳祐十一年浙東提舉

程沐 淳祐十一年浙東提舉

趙隆孫 寶祐元年浙東提舉

尤焴 寶祐元年浙東提刑

吳革 寶祐二年浙東提舉

季鏞 寶祐三年浙東提舉

任應元寶祐四年浙東提刑　顧嵒寶祐四年浙東提刑

何夢祥寶祐五年浙東提刑　趙珅夫寶祐五年浙東提舉

趙希棍寶祐六年浙東提舉　陳仁玉開慶元年浙東提刑

史有之開慶元年浙東提舉　鄭雄飛景定元年浙東提舉

林光世景定元年浙東提舉　魏克愚景定二年浙東提刑

孫子秀景定二年浙東提刑見列傳　曹孝慶景定三年浙東提刑

李芾景定三年浙東提刑　錢可則景定三年浙東提舉

朱應元景定四年浙東提舉是年復任提刑

李獻可景定五年浙東提舉　常楙臨邛人浙東安撫使知紹興府

周伯奇都陽人江東廉訪使　家鉉翁眉州人度宗咸淳中浙東提刑

元

孔洙先聖之後寓金華世祖至元中提舉浙東學校

高興蔡州人至元二十三年浙東宣慰使　拜降北庭人成宗大德元年浙東廉訪副使

敬儼河東人仁宗皇慶元年浙東廉訪使　趙宏偉甘陵人延祐中浙東廉訪副使

余闕合肥人文宗至順末浙東廉訪僉事　王獻元順帝元統元年浙東宣慰副使

瞻思大食國人至元四年浙東廉訪僉事　董摶霄磁州人至正初浙東宣慰副使

劉克昌紹興府總管提督學校

明

舊制以寧紹台爲一道分守分巡各一人用藩臬須之然皆列署會省每春秋時輪一人按歷三郡察

吏治恤民隱若巡按然歲終則以報都察院至今簿籍可稽也嘉靖甲寅間島寇內侵於是設兵備一人兼分巡稱兵巡道駐節紹興隆慶中更定制凡天下諸郡皆以司道一人分駐之於是分巡駐台州海道兼兵備駐寧波而駐紹興者爲分守道往率以叅議今或以叅政無定員云

許東望 字應魯山東平山衛籍直隸宿松縣人嘉靖戊戌進士甲寅年任

東望初令山陰政尚寬和民德之如慈父遷戶部郎歷浙江叅議會倭寇突擾境內奉檄分守浙東治紹興時方軍興歛急法煩閭閻騷動東望一切鎮以簡靜愛民下士吏卒無不感恩用

命柯亭龜山後梅清風之㨗東望皆親冒矢石而典史吳成器實左右之以功進按察副使整飭兵備兵巡之銜自此始東望自爲令及兵憲務爲寛大人比之羊叔子越人至今祠祀之

陳元軻　字仲聲福建福州府懷安縣人乙未進士廣東副使改任　以下皆副使稱兵巡道

李萬實　字少虛江西建昌府南豐縣人甲辰進士湖廣左參議陞任

李僑　字子高山東濟南府長清縣人甲辰進士紹興府知府陞任

邵齡　南直隸徽州府休寧縣人庚戌進士紹興府知府陞任

謝鵬舉　字仲南湖廣武昌府蒲圻縣人癸丑進士歷右副都御史巡撫浙江

崔近思　字希魯山東濟南府濱州人庚戌進士隆慶元年任　以下皆參議稱分守道

陳燦　字德潤湖廣岳州府巴陵縣人甲辰進士隆慶三年任

郭天祿字子學大寧都司籍直隸保定府定興縣人已未進士隆慶四年任

蘇松字貞卿四川順慶府廣安州人已未進士隆慶六年任

劉宗岱字伯東山東濟南府歷城縣人已未進士萬曆元年任

余一龍字汝化直隸徽州府婺源縣人乙丑進士萬曆二年任歷浙江左布政使

徐廷祼字士敏直隸蘇州府崑山縣人已未進士萬曆七年任

李勳字世臣山東德州衛人壬戌進士萬曆八年任

唐本堯字世舉直隸松江府上海縣人隆慶辛未進士萬曆九年任

李一中字時卿直隸池州府建德縣人隆慶戊辰進士萬曆十一年任

朱文科字福建興化府莆田縣人萬曆十四年以叅政任仍分守

劉翾 隆慶壬戌進士萬曆元年任副使

周良臣 隆慶乙丑進士萬曆五年任副使

康新民 泰州人隆慶戊辰進士萬曆六年任參議

馮時雨 隆慶戊辰進士萬曆八年任副使

葉夢熊 隆慶乙丑進士萬曆十一年任僉事

張孫繩 隆慶戊辰進士萬曆十三年任副使

高時 隆慶戊辰進士萬曆十四年任副使

劉守志 隆慶辛未進士萬曆十五年任副使

王之屏 進士萬曆十六年任參政

張國輔　甲戌進士萬曆十八年任副使

丁此呂　丁丑進士萬曆二十一年任副使

吳獻台　進士萬曆二十一年任參議

吳鴻洙　丙戌進士萬曆二十一年任副使

范淶　甲戌進士萬曆二十七年任副使

王道顯　癸未進士萬曆二十九年以參政任分巡

洪啓睿　壬辰進士萬曆三十四年任副使

鄒希賢　壬辰進士萬曆三十五年任副使

常道立　丙戌進士萬曆三十七年任副使

朱應奎 乙未進士萬曆三十七年任副使

秦道顯 乙未進士萬曆四十年任副使

甯瑞鯉 進士萬曆四十一年任參議

蔡獻臣 己丑進士萬曆四十三年任僉事

王應乾 戊戌進士萬曆四十五年任副使

楊鍾英 辛丑進士萬曆四十七年任僉事

鄒漢 戊戌進士天啓元年任副使

洪承疇 福建泉州府人丙辰進士天啓二年任副使

方應明 甲辰進士天啓四年任副使

蕭基癸丑進士天啓六年任副使

張魯唯崑山縣人癸丑進士天啓六年由紹興府知府陞任以參政分守

顧鼎臣進士天啓八年任參議

顏欲章辛丑進士崇禎九年任副使

張爾基大同縣人由進士崇禎二年任參議

張茂頤天啓壬戌進士崇禎四年任副使

林應聚萬曆丙辰進士崇禎五年任副使

向鼎天啓乙丑進士崇禎七年任副使

林日瑞福建詔安縣人丙辰進士崇禎七年任參議

許豸 福建人辛未進士崇禎九年任副使

謝雲虯 廣東南海縣人己未進士崇禎九年任參議

宋基登 萬曆甲辰進士崇禎十一年任副使

林銘鼎 福建莆田縣人庚戌進士崇禎十一年任參議

盧若騰 福建人庚辰進士崇禎十三年任副使

鄭瑄 福建上官縣人辛未進士崇禎十四年任參議

紀騰蛟 辛未進士崇禎十五年任副使

余鵾翔 湖廣辰溪縣人進士崇禎十六年任參議

王鏞 江西廣信府人進士崇禎十六年任參議

于頡 金壇縣人辛未進士崇禎十七年由紹興府知府陞任以參政分守

劉士璉 辛未進士崇禎十七年任僉事

皇清

孫枝秀 山西人順治三年任副使

陳譔 遼東籍慈谿人順

反側保全良善郡

朱思義 遼東人順治五年任僉事

沈潤 淄川縣人癸未進士順治六年任

寇未清多方勦撫黎民安堵斯文一

王爾祿 保定府人癸未進士順治七年任副使

李國棟 遼東人順治十年任副使

刑世爵 鎮江府人庚辰進士順治十二年任僉事

朱虛　漕縣人順治十三年任參議

馮瑾　順天府人己卯舉人順治十四年任副使

薛信辰　無錫縣人順治己丑進士十六年任副使

李登第　遼東人順治十六年任參議

宋琬　萊陽縣人順治丁亥進士十七年任參議

杜溎　北直隸人順治丁亥進士十八年任副使

王廷璧　祥符縣人順治壬辰進士十八年任參議

王國鼎　陝西人康熙二年任僉事

王繼文　廣寧衛人康熙五年任參議

阮銓　福建人康熙五年以參政任分巡

衛紹芳　山西衛氏人順治丙戌進士康熙六年任副使

史光鑑　遼東寧遠衛人選貢康熙九年任副使平大嵐餘孽修葺學宮嚴絕苞苴振肅紀綱祀名宦

梁浩然　山東濱州人由拔貢康熙十三年任副使

許弘勳　奉天遼陽人由知府康熙十四年陞任副使保全越城平定山寇八邑生靈俱賴全活勒石越望亭紀其功績又有續保越錄載武備志

王垓　山東膠州人順治己丑進士由給事中康熙十九年任副使

陳光祖　順天府人癸卯舉人康熙二十三年任僉事祀名宦有傳

紹興府志卷之二十七終

紹興府志卷之二十八

職官志二

郡守

秦置會稽郡郡有守漢更爲王國國有相相卽守也景帝復爲郡相爲太守太守名官自此始會稽太守地大官崇統轄千里自嚴助朱買臣以下皆此職也當是時部刺史奉六條專察太守太守與刺史其不爲同官明矣新莽改曰太尹東漢仍西漢無所革三國時孫策孫權皆爲會稽太守遣功曹行太守事自

不蒞治東晉官會稽者多王子帶將軍更名內史內史本周官秦用其官治京師漢有左右內史治京師王國亦有內史王國既更內史遂罷而晉以會稽為王國故復稱內史劉宋復郡復守其後刺史太守頗不失官特後魏有三刺史三太守名者則甚雜矣隋以郡為州更名總管後名刺史唐稱刺史又稱太守太守刺史互名迭用其實一也宋懲藩鎮州設知州即為太守高宗駐蹕越州遂陞州為紹興府官名知府元更府為路有達魯花赤知府或府尹各一員明

復爲府官仍知府

國朝因之無改蓋歷代沿革如此今其官閥姓氏具在賢不賢自不可得而掩也

秦

殷通 二世元年假守

項梁 下相人殺通代守

漢

嚴助 吳人建元五年太守有傳

朱買臣 吳人元朔四年太守有傳

會伯 瑯琊人甘露中太守常授易于施讐

周均 右扶風人鴻嘉二年太守均或作君

沈戎 新莽元年太尹見題名

秋君 二年太尹

許時 更始元年太尹

李均 二年太尹復稱太守均或作君

黃讜 汝南人建武四年有傳

第五倫 元兆長陵人二十九年有傳

尹興 永平二年有傳

左恢 曲阿人

董勤 元和元年見杭志

黃兢 章和元年

梁旻 冀從弟二年

慶鴻 洛陽人永元五年有傳

張霸 成都人十一年有傳

馬稜 茂陵人十四年有傳

蔡君 修武人元初二年

趙牧 長安人三年附馬稜傳

苦灼 永建元年

劉府君 四年見杭志

成公浮 陽嘉元年

陳重 宜春人有傳

馬臻 茂陵人永和五年有傳

李就 封高陽侯徙居江夏是爲江夏李氏

殷丹 沖帝永嘉元年有傳

劉寵 東萊牟平人建初二年有傳

韋毅 元嘉二年　沈勳 延熹四年

陳業 上虞人六年見隱逸傳　尹端 建寧元年

徐珪 熹平二年　王朗 東海人初平元年

唐珝 二年　孫策 宜春人建安二年詔策爲騎都尉襲爵烏城侯領太守

孫權 策之弟建安五年曹操表爲將軍領太守　淳于式 十七年有傳以上皆稱太守

三國

吾粲 烏程人初令山陰吳黃武元年有傳　岑軻 吳都人

滕胤 北海劇人太元元年有傳

濮陽興 陳留人爲上虞令遷會稽太守時瑯琊王孫休居會稽興遇之厚而張布嘗爲左右督將及休即位二人皆貴寵用事拜興爲丞相與張布共相表裏休寢疾手書召興

以子霣託之而卒左典軍萬彧嘗爲烏程令與烏程侯孫皓相善諷興布廢霣立皓皓既立多行不法興布竊悔之或因譖諸皓皓執興布殺之夷三族初都尉嚴密建議作浦里塘羣臣皆以爲難惟興力主之功費浩繁士卒多死民大愁怨及族興人咸以爲不善之報云

樓元　沛郡蘄人太平二年

郭誕　建衡元年

車浚　南平人天璽元年有傳

戴昌　廣陵人天紀二年以上皆稱太守

晉

丁義　太康二年國相

張景　永康二年國相

許敀　高陽人詢之父永嘉三年

紀瞻　丹陽秣陵人建興元年有傳

庾琛　明穆皇后父大興二年

諸葛恢　瑯琊人建興三年有傳

周札義興陽羡人四年　虞潭騑之孫太寧二年見王侯傳

熊遠南昌人三年　王舒詳統轄中　何充廬江灊人五年有傳

孔愉山陰人八年見列傳　王恬薈之兄九年恬作怙

王允之字深猷舒之子咸康中爲內史未到卒　王述太原人永和元年有傳

王羲之六年見寓賢傳　王彪之臨沂人有傳以上皆稱內史

江虨　郗愔　王薈　王蘊

孔安國　謝琰　謝輶　謝元

王凝之　王榆以上俱以內史兼都督邑里年月具統轄中

范逵鄱陽人舉孝廉嘗過陶侃侃家侃母截髮易酒延之後言侃于廬江太守侃之知名逵薦之

也逵仕至會稽太守

劉牢之　彭城人元興二年

虞嘯父　潭之孫二年

孔靖　愉之孫義熙元年有傳

司馬休之　七年以上皆稱內史

〔宋〕

劉懷敬　彭城人永初元年

謝方明　陽夏人二年見列傳

褚淡之　陽翟人景平二年有傳

羊元保　南城人二年有傳

孟顗　安丘人元嘉八年

張裕　十八年有傳

丘淵之　烏程人

孔岦　靖之子二十年

孔靈符　靖之子二十四年

顧琛　三十年自山陰令遷

張暢　吳人孝建二年

張邵　三年

劉思考 大明四年見題名　王翼之 徽之孫五年見題名

劉柳 以上皆稱太守　顔峻　張永

蔡興宗　王延之　王僧虔　王琨

蕭子良 以上七人皆太守加都督詳統轄中　洪現 蒼梧王元徽三年太守有傳

（齊）柴頡 建元四年太守　王敬則

張緒 二人詳統轄中　西陽王子明 永明十年

（梁）蕭昂 天監元年　衡陽王元簡 三年

安成王機 六年　湘東王繹 十年

邵陵王綸 十三年　廬陵王續 十六年

岳陽王詧 大同五年

樊道則 太清元年以上皆稱太守

陳

駱文牙 臨安人陳文帝初避地臨安文牙母知非常人賓禮甚厚文帝立封臨安縣侯武帝永定三年爲越州刺史

沈恪

徐度

蔡景歷

蕭巖 四人詳統轄中

隋

慕容三藏 燕人文帝開皇元年有傳是時改東揚州爲吳州太守稱總管

賀若弼 洛陽人九年

楊异 華陰人十二年

宇文弼 仁壽元年

周汾翁 忤煬帝屏宜春久之復還廬陵

唐

李嘉 武德三年

闞稜 章丘人四年有傳是後改總管爲都督督婺泉台建括五州領太守事姓名並詳統轄中

王子麟 開元二年是時罷都督爲刺史不領郡

桓臣範 丹陽人三年　　皇甫忠 十年

鄭休遠 十一年　　何鳳 十六年

張洸 洛陽人二十年　　韋明揚 二十年

裴胄 二十一年　　元彥沖 二十二年

敬誠 二十六年　　康希銑 見寓賢傳

秦昌舜 天寶元年是年改越州爲會稽郡刺史復稱太守

杜庭誠 六載　　張守信 七載

李乾祐 九載　　于幼卿 十三載復稱越州刺史

崔寓至德二年　楊嚴以御史中丞爲越州刺史年次佚

李希言乾元元年是年升刺史爲節度使領郡事以後姓名並詳統轄中

陳少游代宗大曆五年是年改節度使爲觀察使領郡事姓名詳統轄中

王密京兆新豐人十四年是年降觀察使爲刺史

元亘貞元二年是後復升刺史爲觀察使姓名並詳統轄中

宋

高賦中山人建隆中知府　錢儀鏐三世孫乾德三年　畢士安代州人典國三年

李準四年　李孝連五年　高適八年

江正雍熙三年　薛智周端拱二年　韓崇訓安武人淳化元年

盧文正二年　封遂成三年　王柄四年

郭興至道元年　元玘二年　馮勵咸平元年
裴莊三年　康戩五年　王勵景德二年
張巽祥符元年　王贄三年　李適四年
皇甫選六年　楊偘八年　陳靖莆田人天禧元年
高紳天禧元年　盧幹二年　任布四年有傳
燕肅五年有傳　謝濤乾興元年　尹錫天聖四年
宋可觀四年　成悅六年　蘇壽九年
陳亶明道二年　葉參長洲人景祐元年　趙賀封丘人二年
李照二年　蔣堂宜興人三年有傳　郎簡臨安人四年

范仲淹吳人寶元二年有傳　張士遜　陸軫康定元年

龔鼎臣須城人景祐元年　何傳式慶曆二年　晁宗簡青豐人四年

馬鋒四年　陳亞六年　富嚴八年

楊紘浦城人皇祐三年　魏瓘三年　王逵濮陽人四年有傳

李兌許州人至和元年　許元宣城人嘉祐元年　張友直士遜子二年有傳

刁約五年　沈遘錢塘人六年有傳　張伯玉八年

章珉治平三年　朱肱四年　陳升之建陽人四年

鞠眞卿熙寧元年　元絳元年　邵亢丹陽人二年

沈立歷陽人三年　孔延之四年　謝景溫富陽人濤之孫六年

張諷七年　趙抃八年有傳　程師孟吳人十年有傳

丁竦元豐二年　鄭穆侯官人四年有傳　梁彥明七年

穆珣八年　黃履邵武人元祐元年　章楶浦城人二年

張詢三年　錢勰吳越王俶孫三年見列傳　蔡卞仙游人六年

楊汲晉江人八年　章衡浦城人紹聖元年　張修三年

胡廉飛紹聖中　詹康紹聖中　邵材三年建中元年再任

翟思四年建中元年再任　上官均邵武人元符二年　張琥三年

豐稷鄞人崇寧元年有傳　周常建州人元年　宇文昌齡雙流人元年

鄒浩鄞人崇寧中　詹文三年　王資深四年

方會大觀二年　李圖南政和三年　呂益柔三年

王仲嶷四年　劉韐宣和二年有傳　章綡四年

宋昭年四年　張汝舟五年　鄭可簡七年

李邴任城人靖康元年　翟汝文元年有傳　葉煥建炎三年

李鄴三年　郭仲荀三年　史[illegible]大建炎中

傅崧卿山陰人四年見列傳　陳汝錫四年　張守紹興二年任十年再任有傳

朱勝非二年有傳　王綯三年有傳　綦崇禮四年有傳

孟庾五年　孫近六年　趙鼎八年有傳

周秘九年　韓肖胄十年見寓賢傳　孟忠厚十一年任十四年再任

樓炤永康人十二年　詹大方十五年　趙令衿

張震　林待聘十八年　趙不棄太宗裔十八年

俞俟十九年　湯鵬舉二十一年　曹沫二十二年

趙士璨二十三年　魏良臣二十六年　趙令詪二十七年任

王師心二十八年有傳　宋棐三十年　周淙長興人三十年

湯思退處州人三十二年　吳執中松溪人　周葵宜興人

吳芾隆興元年有傳　徐嘉酉安人二年　洪适魏公皓子乾道元年

史浩鄞人四年有傳　蔣芾六年　方滋八年

錢端禮九年　俞正泉州人淳熙二年　張宗元二年

張津 四年　李彥頡 德清人五年任有傳　張子顏 俊之子八年

王希呂 八年任十五年再任有傳　鄭丙 長安人十年　丘崈 江陰人十三年有傳

鄭汝諧 十四年　張杓 綿竹人浚之子十五年有傳　洪邁 适之弟紹熙元年有傳

王信 麗水人元年有傳　趙不流 三年有傳　葉翥 五年

葛郯　單夔 二年　劉頴 西安人三年

張伯垓 三年　耿延年 四年　汪義端 四年

沈作賓 初判府事五年任有傳　趙不迹 六年有傳　袁說友 嘉泰元年有傳

李大性 元年有傳　辛棄疾 歷城人三年　林采 四年

周珌 開禧元年　錢弘祖 元年　趙師睪 燕懿王裔元年

趙象祖弘祖兄二年　章爕二年　李珏三年
黃由嘉定元年有傳　俞恭三年有傳　趙彥倓五年任有傳
葉箋九年　吳恪九年任十二年復任　王補之十年
沈皡十二年　汪綱十四年任寶慶元年再任有傳　汪綂紹定元年
薛極武進人元年　葉棠四年任六年再任　程覃四年
許極六年　黃壯猷端平元年　李明復瀘州人三年
魏了翁嘉熙元年有傳　潘剛中元年　趙善湘鄞人宗室二年
余天錫昌國人三年　蔡範四年　游似淳祐二年
史嵩之二年　童顒四年　史宅之四年

季鏞有傳　趙與篤　包恢建昌人有傳
趙性夫六年　劉之傑鄧州人七年　趙希樸八年
徐清叟八年　洪燾九年　吳潛寧國人九年有傳
馬天驥衢州人初尉新昌十年任　樓治十一年　程沐十三年
陳顯伯十二年　厲文翁寶祐元年任開慶初再任　史宇之二年
顧嵓四年　謝奕修五年　何夢祥開慶元年
葉隆禮景定元年　鄭雄飛元年　謝堂元年
楊瑱三年　朱應元四年　張遠猷咸淳元年有傳
言通吳郡人二年任　常楙三年任有傳　劉良貴七年

馬廷鸞樂平人九年

元

王禎烏程人世祖至元中　李朶兒元貞元年　劉僎元年

張昇韓城人延祐五年　胡元英宗至治元年　王克敬太寧人太定元年

武伯強二年　于九思薊丘人初知餘姚三年　劉克昌

朶兒赤寧州人天曆二年　禿堅董阿元統二年　陳朝散至元二年

高樞二年　宋文瓚五年　泰不華至正元年有傳

趙叔遜十二年自推官遷　貢師泰至正中自推官遷有傳　徐季二十年

朱彪二十四年　陳寧二十六年　黃璧二十七年

明

楊可久萊州人洪武初任以下皆知府　張熈北平人二年有傳　唐鐸鳳陽人三年有傳

張士敏燕山人三年　李雲四年　劉樂善安福人五年
李思煥八年　張均玉九年　唐昊九年
牛時中十二年　崔文剛十四年　陳棟十七年
陳賁二十年　李益二十四年　劉鵬二十七年
李慶三十二年有傳　吳昇永樂元年　鄒希南四年
范希任八年　潘惟學十二年　郭文舉十五年
馮蓝十七年　黃采十九年　李鎡二十年
方鯉莆田人二十年　胡敬侯官人宣德元年　陳耘四年
胡敏荆州人六年有傳　馮敏武昌人九年　羅以禮十年有傳

白玉 漢中人舉人初爲本府判正統十二年任卒于官葬卧龍山側有祠

彭誼 東莞人天順元年有傳　吉惠 丹徒人成化三年　劉琛 唐縣人五年

洪楷 莆田人舉人七年有傳　戴琥 浮梁人舉人九年有傳　李延 豐城人十九年

曾樾 興縣人二十二年　游興 淮安人弘治二年　佟珍 定遼中衛籍青州人十年

劉麟 新淦人十八年　劉麟 廣洋衛籍安仁人正德三年有傳

石存禮 益都人四年　梁喬 上杭人七年　鄭壎 海陽人十一年

南大吉 嘉靖二年有傳　黃綰 息縣人五年有傳　洪珠 莆田人楷之姪附楷傳七年

毛秉鐸 祁清人十三年　湯紹恩 安岳人十四年有傳　張明道 羅田人十九年有傳

蘇朮 朔陽人二十二年　沈啓 吳江人二十四年　梅守德 宣城人二十九年

劉錫鷄澤人三十三年　李僑長清人三十四年有傳　邵齡休寧人三十九年

楊兆膚施人四十二年　徐卿龍無錫人四十五年　岑用賓順德人隆慶二年

盛時選順天籍吳江人五年　彭富大理人六年　晏仕翹新喻人萬曆五年

賈應璧無錫人六年　傅寵巴縣人七年　蕭良榦涇縣人十一年

衛一鳳澤州人十六年　劉庭芥漳州人十七年　石崑玉黄州府人二十年

劉庚二十五年　尹從教敘州府人二十六年　劉文徵滇縣人二十九年

蔡承植德安府人三十二年　朱芹敘州府人三十四年有傳　齊琦名三十六年桐城縣人

陳素蘊三十九年　鄭棟華亭人四十一年　熊鳴岐臨川人四十一年

張曾唯崑山人天啟二年　許如蘭合肥人六年　蕭震崇禎元年

黄　絅　麗水人四年　杜其初　山東人八年　王期昇　宜興人十一年

王孫蘭　江南人十三年　于　頴　金壇人十五年陞寧紹參政有風節

皇清袁宗德　順治二年任

沈文理　大興人順治四年任

劉　桓　安邑人廕生順治六年任

劉世俊　山西人進士順治九年任

施肇元　眞定人進士順治十年任

王廷議　山西人進士順治十二年任

紀　耀　保定人進士順治十五年任

吳之樞　江浦人順治十八年任

單國玉　臨川人進士康熙二年任

夏霦　江陰人進士康熙四年任

張三異　漢陽人進士康熙七年任

許弘勳　遼陽人康熙十二年任

何源濬　山陽人教習貢康熙十四年任

劉涵之　山東人廕生康熙十六年任

王之賓　瀋陽人康熙十九年任

胡以渙　山陰人康熙二十八年任

李　鐸奉天鐵嶺人廕生康熙二十八年任

王吉武江南太倉人丙辰進士康熙三十一年任

楊芳聲直隸萬全人歲貢康熙三十四年任

宋定業江南崇明人歲貢康熙三十八年任

周　恂江南山陽人例監康熙四十一年任

楊賜昌河南河内人歲貢康熙四十四年任

高　泓山西右玉衛人貢生康熙四十五年任

勞可式山東陽信人己酉舉人康熙四十七年任

俞　卿雲南陸凉人辛酉舉人康熙五十一年任

紹興府志卷之二十九

職官志三

郡佐

秦會稽郡既有守矣又有丞有尉守治民丞佐之尉典兵漢國曰中尉郡曰都尉都尉秩亦二千石然寔其所職則非與太守並衡者矣是不謂之佐乎其餘佐官自漢以來或丞或治中長史司馬或通判僉判等員元設同知通判推官明仍其名

國朝因之又有經歷知事照磨檢校秩以次卑均爲

一郡之下僚也檢校以冗裁久矣近年以來推官知事亦裁兹以歷代各官具列於左

都尉

〔漢〕顔駟 景帝時有傳

任延 南陽宛人更始元年有傳

宰晃 一名鼂明帝永平末

全柔 獻帝初平元年爲會稽東部都尉行太守事

韓晏 建安元年爲會稽南部都尉

蔣欽 建安中有傳

〔三國〕張紘 建安四年爲會稽東部都尉行太守事

賀齊 山陰人先令剡建安八年爲會稽南部都尉見王侯傳

芮良 建安中爲會稽南部都尉

陸宏 績之子

隋　鷹揚

唐　張嘉祐　開元中浦江折衝都尉

郡丞

漢　陸昭　建安二年

顧雍　建安五年以丞行太守事有傳

齊　庾蓽　明帝時郡丞行郡事有傳

劉瓛　沛國人建武末

梁　江革　天監十三年郡丞行府事有傳

陳　蕭允　光大元年

治中

漢　王充　上虞人章和中見儒林傳

長史

晉 孔坦 愉之子太寧中　孫綽 統之兄永和中

宋 王茂之 景平中　顧凱之 孝建元年長史行郡事有傳

沈懷文 太明五年長史行郡事有傳　孔覬 永光元年長史行郡事

齊 顧憲之 長史行郡事附凱之傳　陸慧曉 永明中自功曹遷有傳　蕭靈均 永明十一年長史行郡事

梁 到溉 彥之子天監中　謝岐 承聖二年

陸山才 紹泰中以長史帶郡丞宣帝征周迪山才以本官之會稽指授方畧卒謚簡子　蕭濟 太平二年有傳

隋 許世緒 并州人

唐 敬播 蒲州人高宗時　宋之問 神龍元年　姚誾 年次佚

梁家鉉翁 眉州人見寓賢傳

司馬

吳董襲 見忠節傳

宋陸邵 景平中自山陰令遷　庾業 太始元年右軍司馬行郡事

唐賀曾子 知章子天寶中

宋

通判　簽判　判官　推官

錢熙 南安人淳化中　龔宗元 太宗時　錢公輔 常州人皇祐三年

鄭戩 吳縣人皇祐中　胡向 清江人有傳　沈起 治平中

張詵 浦城人熙寧中有傳　曾鞏 元豐中有傳　孫覺 高郵人

陳康伯 弋陽人紹興中　王汝則 宛陵人　沈作賓 後遷郡守

洪遵 樂平人皓仲子　孟忠厚 外戚三判紹興後任郡守　吳芾 後遷郡守
邊維熊 楚丘人紹興末　高斯得 乾道中　黃由 淳祐中後遷郡守
王介 慶元初有傳　葛邲 吳興人慶元中舊志作郡守傳中是判今正之有傳
趙與昺 宗室德祐元年　吳津 以下俱失年次　凌策 涇縣人
趙汝域　黃震 慈谿人　黃洽 以上俱通判
陳瓘 元祐中有傳　王十朋 紹興中有傳　汪應辰 紹興中有傳
阮登炳 咸熙初　趙汝譢 以下年次俱失　徐元杰 上饒人
陳文龍 興化人　洪璞 睦州人 以上俱簽判
劉逵 隨縣人崇寧中　楊愿 初在新昌丞紹興中　凌景夏 餘杭人紹興中

王洽中 侯官人年次佚
陳宜中 永嘉人初以太學生上書攻丁大全號六君子吳潛奏還自便所詔六人皆免省試令赴景定二年廷試宜中第一授紹興推官
以上俱判官

元

同知 治中 判官 推官

陳思濟 柘城人至元五年有傳
武元特 至正二十二年
以上俱同知

王立中 長洲人以下年次佚
金德潤 浦江人
以上俱治中

白絜矩 至元中判官
傅汝霖 大德二年推官
李震 皇慶元年

王德觀 皇慶二年
李從善 皇慶三年
劉淵 至治二年

瞿儀 至治三年
于深 泰定二年
金復 至和元年

班惟志 二年
吳思義 至順元年
李擇 二年

王訥 至元元年　張溙 二年　林宇 三年

魯人中 至正元年　東平申 二年　屠駒 三年

趙叔遜 四年　貢師泰 五年　姜獻臣 十五年以上俱推官

郡從事　參軍 諸曹錄事　主簿　督郵

（漢）彭脩 章帝時自功曹遷　王充 元和末自功曹遷　黃昌 順帝初自決曹遷三人俱郡從事

包咸 曲阿人建武初戶曹　彭脩 毘陵人永平中功曹　駟勲 永平中功曹史

陸續 永平中戶曹有傳　王充 元和初功曹　黃昌 元和末決曹

戴就 上虞人陽嘉中倉曹椽　孟嘗 漢安中戶曹史　虞翻 上虞人建安二年功曹

董襲 建安中曹　駱統 會稽人建安中功曹　呂岱 海陵人建安末錄事

魏滕建安末功曹　孟英上虞人平吳佚决曹掾　以上俱參軍

梁宏永平中　鍾離意永平中自督郵遷　朱儁上虞人建寧中三人俱主簿

鍾離意山陰人建武中　鄭弘山陰人建武末　謝夔吾山陰人陽嘉中三人俱督郵

三國

丁覽山陰人黃武初功曹　邵疇建衡元年功曹二人參軍

晉

孔衹愉之弟大興中功曹史　楊方大興末功曹　虞預咸和二年功曹史後爲行參軍

謝沈山陰人咸和中功曹孔衹以下俱參軍

楊方會稽人大興初後任功曹　虞預餘姚人大興中後遷功曹史二人俱主簿

宋

孔欣景平元年　謝苓景平中二人俱參軍

杜宗產錢塘人太始元年　孔珪會稽人太始中二人俱主簿

齊

劉璡 建元元年

庾華 建元中功曹史後遷郡丞四人俱參軍

柳惲 河東人建元年法曹

陸慧曉 建元一年功曹

范雲 舞陰人建元元年主簿

梁

賀琛 山陰人天監六年功曹參軍

陸倕 慧曉子天監六年主簿

唐

崔協 博陵人太中元年戶曹

李鑄 錄事以下世次佚

李茗 [illegible]

王綺 倉曹

王績 丞相繇之兄法曹

李慶

李鎮

李遜 功曹自崔協以下俱參軍

宋

魏廷堅 天聖元年郡從事

唐翊山陰人元符中郡曹　陸棠宣和中功曹　陳字襄之孫隆興中司法

楊簡慈谿人乾道中司理後知嵊有傳　王唐珪松陽人淳祐元年法曹有傳

楊參錄事有傳以下世次俱佚　孫礬司法有傳　沈公調士曹掾有傳

唐翊以下俱參軍

明

同知

王寅洪武十二年　王進善淸苑人洪武中舉人材科　龐嵩博興人永樂三年

戴廸宣德元年　周選正統十年　蹇弘十二年

劉貢景泰四年　李恕漢陽人天順五年　黃璧浮梁人成化十二年有傳

鍾燾十六年　陶永淳華亭人十八年進士　羅璞吉水人弘治元年進士

周惠 常熟人十二年　錢朝陽 盧江人十五年進士　高謙 灤州人正德三年進士

張瓛 福山人五年　屈銓 蒲城人七年進士　靳瑭 通州人十二年進士

孔庭訓 永平人嘉靖七年　孫仝 清平衛人十四年　金淳 上元人二十年

畢竟恭 貴溪人二十一年　王釴 福州中衛人二十二年進士　程默 歙縣人二十三年

伍鎧 晉江人二十六年進士謫任　俞憲 無錫人二十七年進士謫任　潘梅 順德人三十一年

王近訥 崇陽人舉人三十五年任守介識斂不畏權勢時知府邵嶔頗很籍近訥每事輿忤嶔後遷浙東兵備近訥遂乞致仕去士論高之　鄧學 清平衛人四十三年

詹珊 浮梁人進士四十四年　李澤 晉江人進士隆慶二年　王同讚 晉江人進士五年

樂頌 臨川人萬曆四年　韓塏 任丘人六年　許天球 婺源人十年任

李膺華亭人進士十一年謫任　張延熙臨桂人十三年　陳吾德新會人進士十六年

張佐治平和人進士十七年　劉昇萊陽人二十年　馬復淳廣平人二十八年

劉應芥　林廷奎福清人進士三十三年　蔣茂德化人三十四年

汪應嶽宿松人三十七年　馬化祥楚雄人三十九年　袁劉方吉安人四十一年

陳素蘊開州人四十三年　宋應奎通州人四十五年　張天德涇縣人四十八年

吳嘉言漢陽人天啓二年　吳廷禎南昌人五年　陳艮言進賢人崇禎三年

孫光祚南海人三年　羅永春泰和人六年　畢九臣蘄州人十三年

沈諫陝西舉人十六年

皇清顧諟青莆人順治四年　王應井陝西人六年　郭永靜撫寧人八年

吳勉福建人十年　劉洪宗直隸人十五年　孫昌謨直隸人十八年

齊洪勳直隸進士康熙五年　孫魯常熟人進士七年　張如栢奉天人恩貢十四年

許虬長洲人字竹隱戊戌進士十五年任以慈爲政溫文爾雅鼓厲人才士林至今稱之

童綬世沔陽舉人二十年　邊安遼陽人二十一年　馮協一山東人二十三年

胡文燿天津人二十七年　程揩江南人二十九年　路坦鑲紅旗人三十年

祖光珮正白旗人三十年　武宣鑲紅旗人四十二年　張羽緩景州人四十五年

閻紹孟津人五十五年

通判

明

張允恭洪武十二年　吳敬洪武中建上虞閘　朱彤永樂三十年有傳

鄒政濟寧人永樂中　褚名十五年　朱祐宣德十年

任瑰正統十年　白玉正統中後陞太守　李樟天順五年

王繼宗　徐璇成化十三年　于永仁十六年

張齡有傳　劉銓二十一年　蔡必興二十三年

張麒弘治十二年　鄒遵道十四年　王翰正德六年

李昇七年　梁琮九年　蘇彰十一年

熊僑十五年　陸遠嘉靖二年　宋尚賓五年

洪晳七年　王銓十年　林文卿十一年

江軾十二年　朱佩十五年　周表吳人十六年建三江閘其

勞居多見湯太守傳　葉金十八年　安如山二十年

馬承學二十一年　鄧秀二十四年　周相二十六年

蕭彥二十七年　王淮二十九年　王會三十二年

雷鳴陽三十四年　陳應遷三十六年　蕭惟春三十七年

張賢三十八年　吳成器休寧人三十八年任初為會稽典史有膽畧善弓馬頗諳遁甲時倭寇擾越境成器屢有斬獲以功超擢通判越中諸村落皆祀之

林仰成三十九年　葛惟熊四十四年　董哲四十四年

張宗錦四十五年　張峯進士隆慶元年　熊烱四年

李芝四年　林琛江陰人五年　吳之儒萬曆元年

伍希德南昌人萬曆三年任有操守不妄取一毫　陳九儀四年
王周紹進士五年　唐可大六年　郭鉞安宜人七年
楊莊恩貢八年　胡懋桂峽江人十年　吳麟十二年
徐秀臨桂人十二年　史著勲十三年　葛希賢當陽人十四年
卜鏜吳江人十四年　舒本立江西人十四年　鄧于京
王師契三十年　葉夢熊三十四年　趙岱三十五年
曾彥舉臨川人四十年　劉奎四十年　陳又開天啓四年
黄啓明六年　胡孔瑞崇禎元年　顧台垣二年
凃國相八年　何欽荊山人十年　李猶龍十一年

張愫十七年

皇清尚德汾陽人順治三年　龍訥箴漢川舉人四年　涂應元上元人五年

曹廷㝎陵川人六年　歐景修大興人九年　周逢時秦縣人十三年

党纘武同川人十七年　楊應鶚遼陽舉人康熙二年　張雲孫華亭進士康熙十年

王國泰遼陽人十一年　楊彩奉天人十四年　王珧桐城人十五年

王世儒唐山人二十五年　岳峻極永平人二十七年　吳家瑜江陽人三十七年

于際隆正黃旗人四十四年　李天植正黃旗人四十七年

推官

明陳翥永樂二十年　繆政宣德元年　譚禧前御史正統十三年任

袁通十四年有傳　陳高景泰五年　孫彧鄆城人天順五年

孫斌六年　唐思敬漢陽人舉人　黃璽成化三年

劉芳七年　蔣誼句容人十二年有傳　鄒賢內江人十六年

周進隆莆田人二十三年　尹頌泰和人弘治四年　張正學萊州人舉人九年

諶鎔南昌人舉人十五年　毛伯溫正德三年有傳　杜盛寶坻人六年

強毅上元人舉人十一年　胡譽新喻人十四年　高凌漢永平人嘉靖二年

喻希禮麻城人六年　李逢豐城人九年　陳讓晉江人十三年有傳

周鳳岐浦城人十七年　袁祖庚長洲人二十二年　王遴霸州人二十七年

歷兵部尚書　羅尚德臨汾人三十六年　張士佩韓城人三十七年

陳烈建安人四十一年 陳文煥臨川人四十四年 黃希憲隆慶二年御史謫

張孫振桂林人六年 陳大科通州人萬曆五年 吳獻台莆田人八年

陳汝壁沔陽人十一年 夏子陽玉山人十六年 李流芳曲縣人二十三年

孫應時鍾祥人二十六年 何三畏華亭人三十三年 夏應台江西人三十三年

張鳳圖南豐人四十年 周家椿同安人天啓二年 劉光斗武進人六年

夏雨金徽州人崇禎三年 關永傑隴西人九年有傳 陳子龍松江人十三年有傳

陳達情江南人十六年

皇清劉方至山東人順治三年有傳 姚積中太平人六年 史承謨金壇人進士十年

史亂典泉州人進士十四年 劉執中襄陽人進士十七年 張邦福蘄水人進士十八年

康熙七年推官裁冗不補

經歷以前志無題名不可考自嘉靖中爲始

明

歐陽昊嘉靖十九年　張復二十四年　楊釆二十八年

黃錦二十九年　歸本三十六年　黃南慶三十八年

鄭觀四十二年　潘潮隆慶三年　曹綬萬曆元年

李誨五年　張可大九年　官寀十一年

金志道吳縣人十四年

經歷自萬曆十四年以後闕佚

皇清朱何禹吳縣人順治三年　黃金印吳縣人六年　朱名世益州衛人十年

金文舉遼陽人十五年　夏昌第丹徒人康熙五年　楊光洮州衛人十年
吳文源昌平人二十年　許霄江寧人二十一年　饒英祁門人二十二年
張嗣位江南人二十九年　黃起祥遼陽人　李鳳章新會人
沈五埰盧龍人　王國輔天津衛人

知事

明趙崑嘉靖十九年　蘇鵾二十四年　孫秉篪二十九年
何常明三十二年任死倭難贈太僕寺丞立祠　杜時達三十五年
喬注四十三年　湯敬訓隆慶元年　顧華嶽六年
廖珊萬曆二年　羅作八年　劉應堅九年

喻元隆 十二年

知事明末裁

冗今不補

照磨

明何贊 嘉靖三十二年 朱鳳祥 四十一年 徐橋 四十二年

金桂 隆慶三年 沈金聲 六年 馮應召 萬曆四年

陳楫 六年 余學雍 十年 陳策 十四年

王大數 崇禎六年 陳玉階 十年 闞士登 十二年

俞罍華 舉人十四年 吳鍾鸞 進士十五年 唐煜 十六年

王學鏡 舉人十七年

皇清陳裕大興人順治三年　吳展彩大興人五年　秦世亨富平人六年

徐翀大興人進士十三年　鄭淑友莆田人十六年　陳王前故城人康熙四年

李毓芝富平人十四年　孫秀民聞喜人　王德遠大興人

鄧瑜廣東人　周璋靜樂人

紹興府志卷之三十

職官志四

縣職

紹興八縣惟新昌始建梁開平餘皆漢以來雖分弁不一其名如故當時掌縣者或爲令或爲長若尹其官一也漢多循吏乃史籍散佚傳者無幾東晉以其縣爲京輔吏治最盛山陰爲尤盛至今不泯則史籍有徵也於是討邑乘諮故老以及當代令兹土者具載其姓氏若丞若簿若尉均有佐理之任故亦不得

遺焉

令

秦

山陰　厲狄　與項羽起兵山陰令蕭山有厲將軍廟

上虞　蕭誾

漢

山陰　王闓　無錫人建武初任有傳　后協

上虞　度尚　山陽人永嘉元年有傳　辛敦

三國

山陰　魏滕　上虞人見列傳　吾粲　黃武元年任　朱然　丹陽人由餘姚長遷

葛元　洪之祖

蕭山　陸凱　後移諸暨長有傳　是時蕭山尚稱永興至唐天寶元年始改今名

餘姚朱然後移山陰令有傳　朱桓吳人有傳　呂岱廣陵人有傳

上虞顧雍後爲本郡丞　濮陽興後遷本郡守　劉綱下邳人見寓賢傳

諸暨陸凱　袁暇　董思密

嵊卜靜吳郡人　賀齊　是時嵊尚稱剡至元始改今名

晉

山陰沈叔任武康人有傳　魏幃　羊旋

江統陳留圉人有傳　干寶新蔡人有傳　王鎮之太和中有傳

魏顗邑人有傳　謝蓀　劉爽東莞莒人

王準之義熙中有傳　顧琛元嘉中至宋遷太守　虞谷餘姚人

蕭山王雅剡人太和中有傳

餘姚　山遐懷人建武初有傳　容舒　孫統中都人見寓賢傳

許謐　謝勝永和中　桑沃

楊端

上虞　顔含瑯琊人大興中有傳　傅晞涇陽人有傳　周鵬舉郡人有傳

華茂　徐祚之剡人有傳　王隨之附子鎮之傳

甘豐　王鎮之成帝時歷剡山陰　徐羨之見王侯傳

諸暨　斯展　魏曈

嵊　周翼高平人有傳　謝奕安之兄　謝裒

山遵　李充一名允鄮人　戴巡

李弘度　路萬齡　殷曠之陳郡人仲堪子

宋

山陰張岱褚之子大明中有傳　顧凱之元嘉中有傳

江秉之太始中有傳　种貴　和睦

徐豁姑幕人元嘉中有傳　傅僧祐靈州人有傳　孔僉邑人邑志有傳

傅琰僧祐子太和中任遷諸暨升明元年再任附父傳　顧寶光

陸邵景平初任後遷司馬邑志有傳

蕭山羊恂景平中　劉僧秀

餘姚韓景之　張永建元中　何玢之

劉仲道　何恒　明震平原人

上虞　王顒　虞季　虞愿季之弟有傳

陸昉　卞延之濟陰人有傳　王晏弘之孫永光中見王侯傳

文靜

諸暨　傅琰元徽中

嵊　王鎮之　周顒元徽初後遷山陰有傳　漆斯

裘襲連　陸終

齊

山陰　王洗東海人有傳　沈憲武康人建元中有傳　周顒建元中

劉元明臨淮人有傳　傅翽琰之子附祖僧祐傳　王詢永太元年有傳

丘仲孚烏程人東昏侯時任梁武帝踐祚再任有傳

蕭山 李萼 永太年　徐中庸

餘姚 左嘉　徐中庸

上虞 周洽 有傳　徐陵 摛之子後令剡

諸暨 卞彬 建武末附父延之傳　于琳之　凌琚之

嵊 張稷 永明中　劉昭　周廸

梁

山陰 謝岐 邑人有傳　虞育 天監中　王騫 天監中

沈僧昭 武康人　沈浚 憲之孫附祖傳

餘姚 王籍 臨沂人　劉杳 天監中有傳　閻潤之

邵桂林　賓階

上虞　景岌　蕭九思　池克恭

諸暨　蕭睬有傳　裴子野天監中有傳　求昌言

鈕合　孔繁　元萬期

聞詩　申先之

嵊　王懷之　賈叔熊　羊美

陳

山陰　褚玠大建中有傳　虞亘　鄭機

包頵　丁遵　别浦

于文憲

餘姚　沈瑀有傳　展敬　斯干

上虞　敬恕　賀拔儵　郁一

嵊　徐陵附父擒傳　徐克孝　烏璵

成式

唐

山陰　吉材　權益　韋友順京兆人

濮雲　斯忌　牛謙

祁休　姚昺　宰知微

墨逼元　山約　趙彙

徐斗南　甘守忠　張遜乾寧初有傳

馬龐　焦楷

會稽　李俊之開元中有傳　李左文　竇伯元洛陽人永太年

李堯年常山人貞元年　王滌臨沂人元和年　孫孝哲清河人大中年

吳鐐乾寧年有傳

蕭山　李士約　葛君

餘姚　李穩一名隱　李悰　張辟疆

袁邠

上虞　金堯恭寶曆二年有傳　崔協大中年以户曹攝事有傳　藥思復

諸暨　羅元開開元中　郭密之寶中傳　丘岳大曆中

傅黃中　宣模　李罕

卜允恭　敬躍　計宗之

冷嘉謨　周鏞

嵊　張子胄　王球　郭謙之

洪虬　陳永秩

元

上虞　盧釋

諸暨　趙[illegible]　韋蘊德

宋

山陰　段裴　鞠詠開封淳化中　李茂先

陳舜俞熙寧三年有傳　苗滋　林覲

章甫熙寧中　王鎬　趙汝駉嘉定十六年

林順孫　秦公彥　張槖嘉定中

糜弇咸淳中

會稽曾公亮天聖中有傳　謝景溫慶曆中後任郡守　劉真長元豐三年

宋之珍崇寧年　吳俅　韓球建炎三年有傳

陸之望海鹽人紹興中　錢棊　范嗣蠡蘭谿人紹興末

李大正建安人乾道中　楊憲淳熙中　吳祖義縉雲人淳熙中

王時會四明人紹熙中　歐陽汲嘉定中　吳可行福寧人嘉定中

董楷端平中　高彭松陽人淳祐中　蔡攀龍淳祐中

蕭山杜守一景德年有傳　蘇壽武功人祥符中　李宋卿隴西人天聖二年邑志有傳

王式　苗振景祐五年　楊時熙寧九年有傳

俞昌言金華人大觀三年　曾喜靖康元年　陳南紹興中

宋敷　顧沖錢塘人淳熙中有傳　張暉有傳

郭淵明嘉定六年有傳　姚元哲十七年　高曆剡人寶祐二年

金炳　胡雲龍咸淳中

餘姚孫籍天聖七年　謝景初慶曆七年有傳　陸煥八年

江褒皇祐二年　李廓四年　王欽五年

宋廣國至和二年　裘彥輔嘉祐六年　曾鯤治平元年

施邁熙寧元年　林廸五年　黃鑄九年

林萱莆田人元豐五年　廖天覺政和二年　范直隱五年

丁宗七年　江思溫宣和二年有傳　江嶢六年

李韻士建炎二年　葉烜四年　蘇忠紹興二年

徐端禮三年　陳時舉四年　趙子潚七年有傳

樓琚十年　朱伯之十四年　高敏信十七年

李碩二十三年　蘇忠覘二十六年　王將之二十九年

趙綱立三十年　王度隆興元年　王涓二年

王垂四年　蔡憲七年　許昌言八年

岳觀順一云岳順九年　趙公豫淳熙元年　樓鈇三年

范直質四年　章澐五年　張渭八年

李祺壽十一年　蔣倫十三年　姜處寅十四年

湯宋彥十六年　李申紹熙三年　施宿慶元二年有傳

常褚五年　趙善湘嘉太二年後至太守　何沆開禧元年

洪椁二年　宋深二年　趙希哲嘉定二年

朱彿五年　俞抗八年　王梴十一年

袁肅十五年　陳忠直十六年　王綸十七年

孟繼華寶慶元年　孟點紹定元年　趙汝𤋮端平二年

王佖嘉熙二年　劉彝孫四年　陳允平淳祐三年

陳剛翁七年　李庚寶祐二年　趙崇億景定三年

陳維嘉咸淳七年　趙崇簡八年

上虞

仲贊善　裴煥　王存慶曆中有傳

謝育　陳彥臣　吳堯

余彥明　魏柄臣　張堂

吳著　李景行　朱南強

蔣璘　錢翊　王興

戴延與　劉損　趙子珉

席彥魏　詹從儉　謝師德

姜埃　朱俊　陳休錫建炎元年有傳

丁騭　趙不搖紹興初有傳　張轔

宣直道　郁潔　王思

林霆　張紘　柯若欽

錢康　葉顒紹興二十三年有傳　趙澄

周梴　俞翊　方溥

張恕　錢似之　韓康卿

鄭南　章駒　朱佾

汪大定淳熙中有傳　何楷　劉筥吳興人淳祐初邑志有傳

戴闓之　商飛卿臨海人　陳炳長樂人紹興中邑志有傳

林谷　施廣求　王楫

陳偲　張佺齡　鄭杭

趙希惠　孫逢吉　袁君儒

梁鑰　樓灼四明人嘉定末邑志有傳　季湛

高衍孫四明人　趙希賢　胡燿

葢溥　趙汝聊　劉常先

趙希悅　何宗裴　趙希均

魏珉　史一之　陳寅

鄭天錫　趙宗癸　趙時繳
張瑞秀　廖由　張志立
葉元淥顒之子附父傳　陳漢　邵若屖
陳阜　徐松　陳渼炳之子
諸暨吳育　趙頌　寇仲溫慶曆中有傳
丁寶臣有傳　王登　曾諤
吳文懋邑志有傳　陳端禮邑志有傳　王榕撫州人
錢厚之建炎初附傳　陳煜邑志有傳　羅鍠
趙伯牙　侯文仲　陳協

周彥先　田伯强　姜紹附傳

郭允升邑志有傳　張光　祝求仁

張居廣　孟球　鞏庭之

郭文忠　李珦　郭之運

晏暉　熊克紹興中有傳　李文鑄

林博厚　姜郊　李伯明

王及　黃庸　趙善石

陳文之　王謙　施一鳴

沈紋　李昌　趙彥權

史宣之　彭枏天台人　詹彭祖
劉保　趙希鎰　薛興祖
劉炳附傳　劉伯曉嘉定中有傳　陳造
趙汝藤　趙孟堅　王琛
趙希僣　家坤翁寶祐中有傳　吳源
趙希隨　趙仲儕　衛華
趙必昕　趙良維　蘇緘
章公亮　趙孟迎　鞏游
何喬　江湛　王倫

沈應昌　慕容邦孚　沈愿

嵊

周在田　陳求古　譚雍

魏琰　林槩　章珣

蓋參　沈振錢塘人慶曆初邑志有傳　過昱皇祐三年有傳

高安世嘉祐中邑志有傳　聶長卿熙寧三年　胡格

江相　鄭宗回　劉繪

晏明遠　宋順國　施佐

侯臨　蘇駉　賈公述元豐六年

宋廣國祁之子元祐初前令餘姚　錢長卿　王知元

吳賁　史祁　劉旦

張諤　呂必强　俞應之

符綬　程容　張慶遠

鄒秉鈞　孫汝秩　宋旅宣和中有傳

孫潮　張誠發修城有記　莫伯軫

楊植　應彬字文質仙居人建炎初任有惠政遂留居應家岩

宋宗年郊之孫有傳　范仲將蜀都人紹興初　姜仲開紹興四年修學有記

錢摭　趙不退　毛鐸

郭康年　蔡純誠　韓晦

李耆年　趙潩之　郭契夫

趙伯懋　任望之　蘇詡

吴幬　陳嘉謨　李耆碩

張商卿　韓元修　鄭逸民

季光弼　成欽亮　張注

李柘　陳謨　劉矩

詹實邑志有傳　葉篪慶元中　周悦

滕璘　胡大年　謝矩伯

楊簡乾道中見郡佐　蔣峴奉化人慶元末　趙汝愚太祖世孫

史安之嘉定中有傳　蔣志行嘉定初　趙彦傳嘉定中修嵊浦廟有記

范鎔　陳厚之　趙師錢太祖八世孫

王埜　劉欽　趙宗伯太祖七世孫

莊同孫　王護　水丘蓑錢塘人淳祐中邑志有傳

袁億　張槃　袁徽

陳自牧　王文子　何夢祥寶祐中

俞垓　張必萬　汪懿

周茂育　劉同祖　陳著咸淳四年有傳

李興宗婺州人八年

新昌　張公良太平興國中有傳　袁元汝陽人咸平初　唐白景德中

葉均嘉祐七年邑志有傳　詹恭玉山人嘉祐中　任好嗣

張日用靜海人元豐中　陳稾餘姚人宣和中　劉滂武義人大觀中

林安宅閩人紹興十二年有傳　虞以良錢塘人二十八年　唐大受梧蒼人紹熙元年

錢宏祖台州人嘉定元年邑志有傳　丁𧄍晉陵人淳祐中有傳　趙時佺宗室寶慶中

王世傑寶祐元年有傳　周俌四年有傳　張珦開慶元年有傳

王睔淳祐元年任子孫因家焉　謝在杍景定五年　吳以佐錢塘人咸淳元年

應俊咸淳中

元元制縣既有尹又有達魯花赤以監之今所載止

於尹不及達魯花赤而間有賢者則列之名宦傳中元貞初陞餘姚諸暨二縣爲州尹稱知州他縣稱尹

山陰高文秀　豆盧翼　開珉

蒲察攸　李如忠　薛依二

廉寶之　趙師道　賈棟真定人邑志有傳

陸澹　馬欽　柴青

吳秀夫常州人

會稽李誠至元十九年　吳晉二十六年　王文質三十年

胡忠至大七年　陳八里台延祐三年　霍文輔太定四年

呂誠元統元年有傳　夏日孜至正四年　趙天祥十一年

周舜臣十九年有傳

蕭山裴思聰至元中有傳　王琛　李適

衛昇　趙鎰　崔嘉訥居延人至正元年以忠有傳

華凱會稽人至正中有傳　於善至正中有傳　尹性十五年有傳

餘姚杜仲仁至元十三年　岳嵩十五年　翟廷玉十六年

孟之達十八年　龐順二十三年　陳鑑二十七年

夏杞三十年　高慶仁元貞二年　張德珪大德元年

羅天祿　完顏從忠　焦簡

亢貞　張謙　羅坤載延祐七年

牧薛飛至治二年　羅也速歹兒三年　宋元佐太定二年

蕭元賓三年　李恭關隴人天曆二年有傳　王惟正至順二年

劉紹賢至元元年　何棠五年　盧汝霖至正二年

劉明祖三年　龍霖四年　朱文瑛六年

盧夢臣七年　汪文璟八年有傳　郭文煜九年有傳

張祚十二年　董完十三年　哲溥化十七年

汪溶二十三年　李樞二十四年

上虞

展熙　李文道　王璘至元末有傳

趙泰　朱文魁　阮惟貞金臺人大德末

張鑑　李德　曹濟

韓仙　徐貞　張垕至治中有傳

孫文煥　許思忠　蕭思溫

王肅　丁允文　智紹先蠡吾人至元二年邑志有傳

張朶兒列歹　李好義保定人至正二年邑志有傳　于嗣宗至正初有傳

張叔溫雲中人八年邑志有傳　林希元至正初有傳　李膺至正中有傳

韓諫至正末有傳　朱克恭　王芳黃岩人

諸暨

馮翼 有傳

于九思 大德中任府遷總管有傳

單慶 十年有傳

楊也速答兒 山西人邑志有傳

陳迖 四明人

王慶 龍岡人

靳仁 河南人

王政

嵊

党天祐 寧海人至元二十四年

王喜 二十八年

鄔濟民 寧海人二十二年

李璠 大都人改新昌令

王珪

余洪 元貞二年有傳

宋也先 大德三年邑志有傳

萬恩 與達魯花赤高閭同任有傳

韓持厚 皇慶元年

張忙古歹 延祐中

王瑞

王檜 天曆元年任用賄以贄因名拜見禮以為[illegible]辛官

趙思誠 至順間

張元輔 後至元中

呂惟艮

仇治 有傳

冷瓚 膠西人修學舍諸祠廨各有記

文彭仲 至正八年

趙琬 河南人，邑志有傳　丁從正 至正十三年　崔彬 至正十六年

陳克明 至正二十三年任，時天下大亂，奸民竺氏糾衆爲變，執克明至婺州以獻方國珍，自是朝選官不復至，數年而世運更矣

邢容 以邑人攝縣事，公平有威，亂世賴之，後與其弟歸順明朝

新昌

曹德新 至元二年　田實 開州人　李璠 大都人

楊大亨 淮人，二十九年　完顏從忠 女直人，至元中後改餘姚

蔣謹 鎮江人　王光祖 祁州人，大德九年　史琬 西華人

朱惟忠 高唐人　李拱辰 至大元年，有傳　李廷衍

孫好直 寧海人　吳時森 杭州人　金鎮 徽州人

王綸 長垣人，天曆元年興學校，勸農桑，置學田，碑刻尚存　張思訥 濮州人

徐容信州人　吉楨膠西人　王爚

郭璠　張鼎　王世忠

梁國樞　朱貞

明

山陰

戴鵬信都人洪武二年　崔東九年有傳　王時中十二年

張宣　胡志學二十二年　李祿受三十一年

譚應奎有傳　姜榮三十三年　王應夔

宋昌永樂四年　王耕十二年有傳　李開十五年

李孟吉宣德元年　傲順四年　孫禧九年

錢浩正統元年有傳　李衡二年　王仲德六年

王宣八年　周鐸天順元年有傳　胡璉成化元年

金爵五年有傳　王倬十四年有傳　蕭惠廬陵人十七年

胡琦臨淮人十八年　李艮弘治元年有傳　鮑克斂七年

郭東山掖縣人十年　杜宏十四年　張元春新建人十六年

張煥正德五年有傳　孫瓊大庾人九年　顧鐸十四年有傳

吳瀛洛陽人嘉靖二年　楊行中五年有傳　劉昺九年有傳

方廷璽歙人十四年　許東望十九年見統轄　周俊民無錫人二十三年

何璿泰興人二十八年任守介識練清丈田畝至今賴之　葉可成吳江人三十二年

李用熒高唐人三十五年　陳懋觀三十六年有傳　林朝聘閩人三十九年

楊家相 江寧人四十四年　張桐 泰州人隆慶二年　徐貞明 五年有傳

張明藩 黃縣人萬曆三年　劉尚志 安慶人四年　張鶴鳴 徐州人九年

葉重第 吳江人未任丁憂　毛壽南 十五年有傳　楊楷 十九年

耿庭栢 二十四年　余懋孳 三十二年　吳庭雲 四十年

張捷 天啓六年　馬如蛟 八年有傳　王陞 崇禎元年

范鑛 二年　鍾震陽 三年　史纘烈 六年

謝鼎新 八年　汪元兆 十三年　錢世貴 十六年

徐徵麟 十七年　于公亂 崇禎末年未任

會稽

戴鵬 洪武元年後改山陰有傳　王宗仁 五年　凌漢 九年有傳

李昭祿　二十一年
余善慶　二十五年
鄒魯　二十九年有傳

周寅　永樂三年
朱孟童　八年
王悰　十七年

陳皡　宣德五年
孫熙　正統元年
王倫　四年

曹恕　五年
劉仲恒　七年
曾昂　十三年有傳

尹昌　景泰七年
陳鑑　天順五年
李載　永平人成化元年

劉淮　七年
郭珙　十二年
吳珍　沭陽人十四年

巫瑗　豐城人十九年
韓祥　二十二年
陳堯弼　弘治三年有傳

楊溢　無錫人十年
王錯　遼東人十六年
單麟　新都人十八年

陳玉　輝縣人正德四年
李懋　丹徒人六年
黃國泰　臨清人八年

楊來鳳 十年　徐岱 威遠人十年　高世魁 十六年

林炳 閩人嘉靖五年　王文儒 桂林人七年　王教 華亭人十一年

牛斗 山陽人十五年　吳希孟 武進人二十年　華舜欽 無錫人二十一年

張鑑 二十四年有傳　唐時舉 咸寧人二十七年　陳懋觀 三十二年

古文炳 三十四年有傳　張進思 沁州人三十八年　莊國禎 晋江人四十二年

傅艮諫 臨川人四十六年　楊節 祥符人隆慶四年　楊惟新 丹徒人萬曆元年

馬洛 如皋人四年　吳達可 宜興人五年　劉綺 沔陽人七年

曹繼孝 黄岡人十二年　林廷奎 福建人十八年　羅相 二十一年

翁愈祥 常熟人二十三年　戴九淵 二十六年　趙士諤

史垂則

彭汝楠　福建人

黃鳴俊　福建人

陳國器　福建人

孫璘　湖廣人

張夬　南直隸人

林逢春　廣東人

周燦　吳江人

楊鵬翼　山西人

蕭山張懋　洪武十年有傳

王谷器　十九年

姜仲能　二十二年

湯義　二十五年

彭彥彬　二十七年

張崇　永樂四年有傳

曾永聰　八年

吳汝方　宣德元年

胡景佳　三年

李珙　泉南人正統二年

蕭琳　蒙陰人八年有傳

朱玉　景泰二年

梁昉　天順四年

竇昱　河南人成化二年

李鞏　武陟人七年有傳

陳瑤　全州人十年

吳淑　宜興人十二年

朱栻　崑山人十八年有傳

趙鑑弘治元年　于宏六年　鄒魯當塗人九年
楊鏵莆田人十三年　朱儼莆田人十七年　吳瓚休寧人正德三年
王偉江浦人七年　伍希周安福人十年　鮮瑚四川人舉人十五年
高鵬蘄州衛人嘉靖元年　秦鎬三原人二年　張遥無錫人八年
王聘利津人十二年有傳　蕭敬德太和人舉人十四年　林策漳浦人十八年
王世顯長洲舉人二十三年　施堯臣二十年有傳　魏堂承天人三十三年
歐陽一敬三十九年　趙睿涇縣人四十一年　李文餘平和人四十五年
許承周崑山人隆慶三年　王一乾太和人六年　陸承憲華亭人萬曆五年
馬朝錫新繁人九年　劉會惠安人十二年　陳基虞同安人十八年

秦尚明太康人二十年　沈鳳翔上元人二十二年　程再伊二十七年

紀三才上元人三十三年　林有臺福清人三十六年　楊惟喬玉山人四十一年

陳汝松同安人四十五年　劉安行襄陽人四十八年　陳振豪無錫人天啓元年

余敬中進賢人六年　劉一涯進賢人崇禎四年　顧棻無錫人十年

郝愈筠連人十三年　蔣星煒武進人十六年　賈爾壽北通州人十七年

餘姚

陳公達洪武四年有傳　徐魯詹南陵人十一年　李清二十七年

唐復三十三年　都昶永樂二年有傳　馮吉上海人三年

王文十一年　薛文清長泰人十七年　劉仲戩十七年

黃維宣德元年　盧昶封丘人五年　李郁山陽人監生正統四年

余凱 六年
余克安 上饒人九年
蘇宏 襄陽人十二年
陳敏 巴縣人景泰元年
詹源濬 黃州人五年
金綬 上海人天順元年
張禧 三年有傳
王珩 巴縣人五年
張杰 上海人八年
黃瑜 成化二年
劉規 六年有傳
董安 漳浦人十二年
胡瀛 十五年有傳
賈宗錫 常熟人十八年附傳
王貫 順天人弘治元年
張弘宜 華亭人四年附傳
程玉 江西人七年
周霖 乾州人九年
董鑄 安肅人十五年
顧綸 十八年
張瓚 正德五年有傳
劉守達 開州人八年
呂祚 真定人十年
朱約 上海人十五年
丘養浩 十六年有傳
楚書 嘉靖四年
楊銓 邳州人六年

左傑恩縣人八年　江南濟陽人九年　顧存仁十一年

顧承芳臨淮人十五年　阮朝策麻城人十九年　劉應箕巴縣人二十四年

胡宗憲績溪人二十八年　沈晃三十年　鄭存仁三十二年

李鳳三十五年　李伯生三十五年　徐養相三十六年

周鳴塤黄州人四十年　張道四十三年　鄧林喬四十五年

李時成隆慶四年　陳昜寧德人萬曆四年　丁懋遜九年

周子文無錫人十四年　葉煒宣城人十七年　馬從龍新蔡人二十年

江起鵬婺縣人二十五年　史樹德金壇人二十九年　黄琰晉江人三十一年

楊萬里松江人三十四年　吳淳夫晉江人三十八年　董羽宸四十一年有傳

錢應華清江人四十四年　譚應吕江西人天啓三年　李寓庸揚州人三年

祁逢吉金壇人六年　蔣燦長洲人崇禎元年　梁佳植四年有傳

朱芾煌無爲州人七年　劉惟芳荆州人十年　袁定華亭人十二年有傳

王日俞常熟人十七年

上虞

趙允文山東人洪武年有傳　范麟　張翼

黄友直　王惠　王子良

張昱　李維中　馬馴薊州人

胡斂鳳翔人永樂年　楊奐萬載人　鄭行簡歙人有傳

黄綜宣德年　吳倖　湯振

李景華正統年　房蔡景泰年　唐啓

吉惠天順年　黃錦成化年　謝綱

邢昊　史俊　林球弘治年

徐縉　蘸奎　陳祥高安人有傳

汪度徽州人正德年有傳　陳言長樂人　伍希儒安福人

劉近光廬陵人　陳獻文　陳大蘷長樂人嘉靖年

楊紹芳應城人有傳　江南後改餘姚　左傑自餘姚改任

張光祖潁州人　鄭芸莆田人有傳　莫踰矩桂林人

陳大賓江陵人　熊濆南昌人　陳治安貴州人

張書紳 常熟人　李邦義 連州人有傳　楊文明 南昌人

熊汝器 南昌人隆慶年　謝艮琦 武進人　林庭植 福清人萬曆年

賀逢舜 弋陽人　朱維藩 淮安人　蔡叔達 廬州人

胡思伸 績溪人有傳　徐待聘 常熟人有傳　王同謙 黃州府人

文三俊 福建人　鄒復宣 江西人　錢應華 清江人

范鑛 四川人　何涼 四川人　吳士貞 宜興人

周銓 金壇人　李拯 晉江人有傳　余颺 莆田人有傳

孫棨 塩城人

諸暨 鑾鳳 高郵人有傳　田賦 洪武元年有傳　任博文 七年

毛原遂十五年　孟貞十九年　張真二十七年有傳

熊禮永樂元年有傳　吳亨十一年有傳　王常江右人十五年

周仕廸臨川人宣德二年　余克安上饒人正統元年　魏傑昭陽人三年

許璽高郵人七年　張鉞十一年有傳　單宇景泰元年自嵊遷

劉必賢滁州人天順五年　曹銓莆城人八年　黃寬晉江人成化九年

王瓚桂林人舉人二十年　蔣昇祁陽人弘治元年　鄭光輿莆田人舉人八年

熊希古新寧人十一年　潘珍十六年有傳　索承學邳州人正德二年

苗雲安陽人舉人七年　周啓監生九年　馬思聰莆田人十一年

彭瑩大庾人十二年　朱廷立嘉靖三年有傳　周朝俛閩縣人七年

張志遥晋江人十年　袁永德東莞人舉人十三年　黎秀樂平人十五年

徐履祥二十一年　李文麟無錫人二十四年　王陳策泰州人二十七年

徐楙懷遠人舉人三十一年　林富春惠安人三十四年　宋魯莘人舉人三十八年

牛應龍固安人四十二年　梁子琦壽州人隆慶元年　夏念東南城人舉人五年

陳正誼華亭人萬曆二年　楊一麟新建人舉人八年　謝與思番禺人九年

汪應泰臨清人十四年　王嘉賓滁州人十五年　時偕行嘉定人十八年

尹從淑二十二年　陳允堅二十三年有傳　劉光復二十五年有傳

陳鑣漳浦人三十四年　洪雲蒸攸縣人三十七年　汪康謡休寧人四十年

林銘盤莆田人四十三年　黃鳴俊四十六年　康顯悦仙遊人天啓二年

毛可珍東莞人四年　梁耀書東莞人六年　王章崇禎二年有傳

張夬丹陽人五年　路邁武進人八年　南有臺蘄水人十三年

錢世貴青浦人十四年　蕭琦吉水人十六年　李一元太平人十七年

嵊

高孜洪武七年　江瀾廣信人二十年　龍淵三十二年

譚恩敬永樂十年有傳　湯禎蕪湖人進士十五年　劉應祖江西人宣德中

胡深直隸人　嚴恪江西人　徐雍正統元年

嚴獻三年　單宇南昌人進士　徐士淵定遠人四年有傳

孟文山西人八年　王琦江寧人景泰五年　張鵠銅梁人天順中

敖瑜新喻人　李春成化二年　許岳英八年有傳

張鵠 銅梁人十三年
劉清 進士十六年
周磨 武宣人進士十八年
夏完 華亭人二十一年
臧鳳 進士弘治五年有傳
徐恂 嘉定人十一年
李吉 十八年
李昆 正德三年
張萱 五年
林誠通 十年
鄭㫫 十四年
姚惟寶 江陰人十五年
謝秩 分宜人嘉靖五年
譚松 德化人七年有傳
呂章 歙縣人十一年
楊晏 射洪人十八年
譚潛 太平人二十三年
鍾天瑞 番禺人二十六年
姜周 蕪州人二十八年
溫易 廣西人三十年
吳三畏 有傳
朱資 莆田人三十七年
陳宗慶 金溪人三十八年
林森 四十一年有傳
薛周 岳州人隆慶六年
朱一栢 寧國人
譚禮 新淦人萬曆四年

姜克昌丹徒人八年　萬民紀南城人十二年　張持番禺人十三年

王學夔福建人二十二年　鄭延緒湖廣人二十七年　吳濟之恩平人二十八年

文典章攸縣人三十二年　施三捷福清人有傳　王志遠龍溪人四十年

張時暘當塗人四十五年　王應期四十七年有傳　黃廷鵠青浦人天啟元年

張達中分宜人四年　方叔壯南漳人崇禎元年　劉永祚武進人七年

丁儒端江南人十五年　鄧藩錫金壇人十三年　蔣時秀零陵人十六年

陳昌期貴州人

新昌

周文祥洪武元年有傳　賈驥四年有傳　明福十六年

劉彬江都人永樂元年　馮吉三年　石鎔宣德元年

鍾簴三年　雷益望江人復姓朱正統中　牟正初

黃聰武城人景泰五年　毛鵝成化元年　黃著吳江人六年

李楫上杭人十一年　樂經滁陽人十四年　王進

唐學麻城人　程傳績溪人俱成化中　唐夔有傳弘治中

楊琛宜興人　芮思宜興人　姚隆上元人

薛文易淮安人　黃銘莆田人　毛震太倉人正德七年

曾曉豐城人　涂相南昌人十三年　佟應龍嘉靖元年有傳

曹祥太倉人四年　姜地鄱陽人十四年　劉瑞爵廣東人二十年

曹天憲浮梁人有傳　宋賢華亭人有傳　何孟倫新會人二十九年

卓爾長樂人三十一年　林應采莆田人三十三年　萬鵬武進人有傳

張汝楠臨桂人三十六年　刁伋寶應人四十一年　蕭敏道南昌人四十五年

李之達東鄉人隆慶四年　謝廷試晉江人六年　田琯大田人萬曆二年

劉廷蕙漳州人九年　錢達道宜興人十四年　朱希禹蘇州府人

羅紹旂廣東人　鄧允吉全州人　蔣正元灌陽人

傅偉孝感人　陳則采同安人　李應先晉江人

鄭東壁玉山人　萬言揚孝感人　王璧芳同安人

朱仁臣進賢人　胡靖共北直隸人　蕭道書廣西人

楊應禎鄖陽人　毛呈錦湖廣人　張騰先綿州人

武鼎升人　萬霈圻宜典人

皇清

山陰彭萬里順治二年　李熠然三年

顧予咸江南長洲人丁亥進士四年有傳　劉應斌十年

常芳十三年　李魯十七年

湯祖鉉康熙三年　高登先六年

景融十六年　范其鑄湖廣江夏人戊戌進士十九年

高起龍旗下二十三年　盧緯湖廣黃安人舉人二十七年

遲壽旗下三十一年　顧培元直隸通州副榜三十四年

王松茂河南武安人舉人三十七年　顧彲江南長洲人四十年

徐俊旗下四十一年　高天騏江南江都人舉人四十八年

楊爲棫湖廣巴陵人丙戌進士五十二年　王國樑旗下歲貢五十六年

會稽

沈文理順治三年　王貞四年

崔宗泰六年　郭維藩陝西人十一年

黃初覺江南人十三年　鎖文開河南人十六年

張應薇四川舉人十七年　王安世福建舉人康熙三年

呂化龍廣東舉人十年　張思行遼陽人十三年

王元臣江南崑山人庚戌進士十九年　岳徵珽山西大同人舉人二十二年

白普照 河南睢州人舉人二十四年　王鳳采 湖廣黄岡人已未進士二十八年有傳

張聯星 江南儀真人四十年　高蘭 旗下人四十三年

昝霨林 江南懷寧人四十七年　姚協于 直隸樂亭人丙戌進士五十四年

蕭山

王吉人 山西清源人順治三年　王運啓 山東濰縣人進士六年

韓昌先 遼東人九年　孫昌猷 雲南安化人舉人十三年

黄應宫 江南舒城人十四年　趙秉和 河南永城人十六年

何璉 陝西保安人康熙元年　徐則敏 湖廣應城人三年

賈國楨 山西曲沃人五年　鄒勷 撫寧人七年

聶世棠 湖廣江陵人十一年　姚文熊 江南桐城人進士十五年

劉儼直隸景州人二十二年

金以培旗下三十六年

方邁福建侯官人甲戌進士三十八年

鄭世琇旗下三十八年

吕廷銓廣東潮陽人四十九年

趙善昌陝西蒲城人庚辰進士五十一年

鉉文成直隸人五十八年

諸暨

劉士瑄遼東人順治三年

朱之翰江南上元人丁亥進士五年

張士琳遼東人九年

牛光斗陝西中部人戊戌進士十八年

蔡杓福建晋江人舉人康熙七年

劉餘[illegible]江南懷寧人十三年

顓孫好賢江南蕭縣人十六年

梁偉遼東人十九年

張國棟遼東人二十年

龍起濳直隸棗强人丁亥進士二十三年

葉蓁山東歷城人二十三年　吳龍震江西南城人二十四年

毛上習廣西賀縣人二十九年　佟世燕旗下三十二年

畢士禧江南上元人三十七年　朱宸江南寶應人丁丑進士四十年

趙倓直隸滑縣人丁丑進士四十三年　卞之釗旗下人四十七年

丘晟福建將樂人丙戌進士五十四年　楊洪山東濟寧州人五十七年

餘姚

趙守紀直隸完縣人舉人順治三年　余國柱江南崑山人丁亥進士四年

胥庭清江南上元人丁亥進士六年　陳廷楹江南丹徒人己丑進士十二年

何縉四川梁山人進士十八年　朱岱山東人康熙三年

潘雲桂旗下五年　張仲信旗下人十三年

李成龍旗下人十九年　李樹陛陝西三原人舉人二十五年

康如璉山西安邑人庚戌進士二十七年　韋鍾藻湖廣黃岡人舉人三十二年

楊昌年貴州黔西州人舉人四十一年　劉俊廣東高要人四十三年

高錫爵福建長樂人舉人五十四年

上虞

朱應鯤江南崑山人　施鳳翼江南上元人

邊算勝河南人　耿宗塤湖廣黃岡人

張元鎮山東單縣人　陳鶴徵江南常熟人

劉珂陝西人　高之蕙直隸霸州人

蔡覺春河南人　鄭僑直隸祁州人

許弘道旗下人　趙廷英陝西人

潘兆元山東兖州人　江來泰旗下人

萬中一四川中江人舉人　張珣山西汾陽人

陶爾燧江南青浦人辛未進士　劉羲旗下人

龍科寶江西永新人舉人　李沭山東武定州人癸未進士

劉元溥山西安邑人舉人

嵊縣

蔚應捷山西朔州人順治三年　羅大猷江西高昌人四年

吴用光陝西高陵人八年　郭忱陝西華州人十四年

史欽命直隸清河人十六年　焦恒馨直隸雞澤人十六年

劉廸縠　山西安邑人康熙三年
張逢歡　四川閬中人五年
溫毓泰　直隸邯鄲人
陳繼年　旗下人
蔣煒　旗下人二十三年
胡瓚　惠來人庚子舉人二十八年
陶大宗　直隸大典人二十九年
王朝佐　旗下人三十年
王勲蔭　直隸大典人三十四年
楊學嗣　直隸良鄉人舉人三十六年
徐匡　江南嘉定人舉人四十三年
趙珏　直隸滿城人四十七年
任儀京　直隸大典人四十八年

新昌

趙重煦　山東平原人
佟胤奇　遼東人
胡悉寧　山東臨清人
李葆官　山東人

朱學孔 四川南鄭人　胡世則 江西星子人

鄒金馬 江南無錫人　俞居辰 江南婺源人

劉作樑 江西永新人　陳大典 奉天錦縣人十二年

梁朝柱 湖廣孝感人　羅異秀 雲南人

張宏 直隸昌黎人　陳陞虬 江南吳江人

朱錦 旗下人　鄭養民 旗下人

易乘 江西廣昌人　王沛懋 山東諸城人

唐覺世 貴州湄潭人　粘拱斗 福建晉江人

紹興府志卷之三十終

紹興府志　卷之三十　職官志四　三

紹興府志卷之三十一

職官志五

縣佐

邑有丞簿古多士人爲之惟尉則不屑耳明中葉以後僉目爲異途間有以明經登籍而授若職者輒傖然不樂居然誠有造於民則其人與事亦未嘗不傳茲志詳之蓋以示勸云

丞

唐

蕭山　李令思　年次佚

五代

新昌　陳顯青州人開平中

宋

山陰　胡稷言嘉祐中少授經於胡瑗既致仕仍賜緋衣銀魚　徐垓德祐中

會稽　季知元龍泉人政和中初除撫州法曹轉知江陰簡易不擾召主國子簿改會稽丞

趙師郡慶元初朱晦庵壻

蕭山　趙善濟四明人有傳　方信儒開禧年任剛直有爲吏民畏愛

鄭承議附趙善濟傳

餘姚　馮榮叟紹興中　晏敦臨　黄仁儉

上虞　婁寅亮有傳　汪公亮附婁寅亮傳　張漸以下年次佚

樓椁　郭叔敷襄邑人　姜邦

范承蒙　張偲　周大綬

張元需　王寶

諸暨　全授政和中任嘗攝縣方臘犯境率鄉民禦之

嵊　季祐之以下年次佚　林通　苗元喬

沈昇　毛亶　常偉

趙士叟　許瑴　魯勰

劉佺　呂横　王中孚

時璹　韓愿胄　章駉

周玭　吳補　高子洼

陳戊　粱立　吳道夫

陳彭壽　項鶚　唐仲義

蘇彬　陳昌年　楊浚

樓淵四川人嘉泰中　兪杭以下年次佚　沈俊心

解汝爲　楊遵　張子榮

應泰之　趙崇謖太宗九世孫　劉厚南

王夔倫　高不倨　章世昌

董夢程　姜琛　黃履

呂元圭　葉發　汪煇

吳如岡　程梓　朱德藻

方士說

新昌楊愿年次佚，後遷郡判官　李結紹興末　汪履道年次佚

元

時餘姚諸暨二縣丞稱州同知，他縣稱丞

山陰戴正鄱陽人，至正中有傳

會稽薛起宗至元中　姜周翰至治初　王元承元統初

程脫因至正中　彭仲宣有傳　郭郁年次佚

餘姚蕭脩巳至元中　王士志　劉郁

丘鐸　張成　劉榮

王玠　趙孟貫　侍其毅

趙允中　周徵　夏賜孫延祐中

王淵年次佚　鐵閭　楊思義

賈策天曆中　何真童至順中　徐容信州人

宇文公諒有傳　劉輝有傳　李適祖

宋天祥至正中　李英　戴翔

海朝宗

諸暨

李玉真定人年次佚　孫琪臨沂人　白澤

袁曮四明人　張守正至正中　邵儼高郵人

嵊

汪庭至元中　徐瑞至治中　郭性存諸暨人

于凱臨海人元統中　王光祖膠州人至正中

明

山陰

周允恭永豐人洪武中　王述天順中　田昱成化中

劉艮淮安人　賴珪　尤繼艮

楊寛弘治中　孔公翊正德中　任顒

劉愷　王澤　汪文嘉靖中

應佐江都人有傳　曾瑄　嚴學

劉試茶陵人　楊威荊州人　王文誥貴州人

金詵金谿人進士謫　陳應占嘉定人　滕槐全州人

任大壯河間人　熊級德化人　陶治雲南人

潘標新城人隆慶中　吳廷臣　劉中萬曆中

費慶之　王詔　鄭日輝莆田人

莊彥龍　丁應辰　俞鳳梧

劉通　蒲以愼永明人　張惟和銅陵人

關夢龍　陳守貴　王觀梅天啓中

孫惟賢鳳陽人　宋一魁當陽人　戈息民崇禎中

裴金帶汾陽人　羅應奎峨眉人　趙鼎元

須永嘉定人　王國昌　劉長

會稽胡中　陸平永樂中有傳　余仲堅
韓英天順中　馬馴成化中　王衡
易坤　史瑄弘治中　李鏡
吳能　楊英正德中　袁渙
張璠　朱繪　張時中
石繼芳嘉靖中　廖振纓　吳漢
吳希孟進士謫陞本縣知縣　羅尚介　徐節
金璐休寧人　張談　孔璉壽州人
王瑚貴州人　韓艮弼襄陽人　萬艮勲南昌人

喻南岱新建人　羅璧賀縣人隆慶中　田槐丹徒人萬曆中

唐九成　郁學詩　施宗堯

張啓中安義人　郁學思　姚和陽

羅光岳廣東人　沙起龍常州人　單士元四川人天啓中

龍與林崇禎中　曹淑惠江西人

官撫漁

蕭山崔權洪武中　黎清有傳　熊以淵靖安人有傳

劉得遠永樂中　石麟宣德中　李孟淳景泰中

王瑾　姚義天順中　于友

劉璧成化人　何鋹弘治中　焦玘

倪萍安仁人　李孟春正德中　阮璉有傳

董信嵩縣人　吳嵩吳江人嘉靖中　劉鰲清河人

潘棠宿遷人　潘坤山陽人　楊喬鉛山人

張旺德州人　閻中倫潁州人　徐端武城人

萬鵬合肥人　華嵛句容人　張儀懷安人

陳第江都人　鄭薦石城人隆慶中　王嘉賓沛人選貢萬曆中署縣有幹局而守甚潔後遷縣令

黃希周羅源人　陳理青陽人

張愷　黃裳南城人　王箕海澄人

紹興府志　卷之二十二　職官志三　八

沈秉正上海人　王載弘九曲衛人　龔大進永福人

曹鯉上海人　熊汝璞黃梅人　呂成聲無爲人

劉廷獻寧都人　胡艮材祁門人　許必爵山陽人

林春階閩縣人　應懋欽南平人　廖希潼徐州人天啓中

唐樂行新鄭人　吳一鯨如皋人　謝錫命平遠人崇禎中

徐朝晉永定人　程家祥休寧人　黎攸淳興化人

李多識

餘姚胡寧太平人永樂中　王顗正統中　蕭瑛襄陽人

宋貴華　馬高嘉定人　周貫

羅靖景泰中　吳忞　劉方天順中

陳纓成化中　李寔廣安人　沈績弘治中

于英　金輅　王琪

黄瓘　魏珊揚州人　楊昌廷正德中

蘇霄　謝忞　魏居仁嘉靖中

廖振纓　宋鎬　陸淅吳江人

金韶太倉人有傳　徐璣武進人　甯守初

羅鉄　趙鏜　江東明

滕瑶　范選　郭鎔隆慶中

姜珙　涂用中萬曆中　周寶

賀嘉邦　王道行　江原岷

鄒正巳　沈惟中　楊元臣

朱應魁　余建立　胡應浙

丁嘉臣　羅中旦　黎容偉

吳之彥天啓中　潘濬　翁中洙

朱萬鎰崇禎中　沈大奇　陸光淵

覃懋　歐陽暉　柯淑淇

莊淳

上虞
賈企洪武中　達貫道　蕭伯成
魏季清　馬志文　張名
吳敏學　薛恭　田玉永樂中
陸和　林東長　趙智宣德中
呂洪　張準　毛誠正統中
張瑾　李璋景泰中　陳榮
蔣仕欣成化中　雷福弘治中　張煬
張邦憲　劉文華　屈必登歸州人正德中
陳昂江夏人　陳大道四川人進士嘉靖中　楊岱建寧人

陳世文潛山人　陳釆華亭人　曹博長洲人
王萬珀　韓梅　李守玉
林庭枌閩人　傅誘　蕭與成太倉人
李治懷晉江人　馬如龍太倉人　王鍊枝江人隆慶中
濮陽傳廣德人　周德恆涇縣人萬曆中　徐紳
周時武長洲人　郭希昉　鄒正巳
張夢鼓壽州人　勞崇洪南海人　陳一桂
陳夢葉惠安人　舒恂荊門人　周晃
黄金章湖廣人

諸暨

樂毅洪武中　陳剛臨州人　馬文聰閩人

蕭九萬有傳　朱庸泰城人永樂中　錢顯吳江人

李思義河南人　閔霖鄱陽人　强溫景泰中

段輔文水人舉人　李鏵成化中　謝翙

李祥曲沃人　畢震淮安人　張南涇縣人弘治中

徐海宣城人　蔡沂遼東人　張輔潁川人

藕潤石埭人　楊榮泰和人正德中　董信

吳申南安人　胡釆丹徒人嘉靖中　金純天長人

沈槃吳江人　孫鑛蜀人　唐讞

李之茂四川人　鄭憲武進人　陳金太湖人

陸汝亨長洲人　戴乾蕪湖人　鄭珊新城人隆慶中

冐承祖如皋人　王祐亳州人萬曆中　甘祖諫豐城人

徐鼎祁門人　俞藻　周天道休寧人

林璉永春人　楊芳春雲南人　章世肇直隸人

田同井亳州人　岑可瞻　張嗣懿

章一科　椰泓廣西人　鄭蒞民天啓中

韓世寀陝西人　黃應日合肥人　楊光烈淮安人崇禎中

梅之惇宣城人　郝九疇　張承賢高郵人

王國昌

嵊

方顯觀正統中　郭朴　張祥天順中

方玘成化中　齊倫　程賢

帥玠弘治中　陳璧　何裕

王謨　霍鐸正德中　何鳳

王伯當有傳　許鍈　黃知常西安人

許錦嘉靖中　鄒頤民濟南人　馬鋏上海人

藍佐　潘佾宣化人　張東陽四川人

陳明德梧州人　張綸上海人　林文芳龍溪人

李曉 上元人　陳文標 福清人　王廷臣

甘著 豐城人　奚偉 揚州人隆慶中　童覺 歐寧人

黃衮 通州人萬曆中　林濟卿 福建人　李時春

陳嘉謨　吳鶚鳴 宣城人　周希旦

金得淳　邵斗　吳承鼎

袁士克　程希京　王文運 江人

芮應耀　梁聘孟　江子循 歙縣人天啓中

高守紳　周士達 江南人崇禎中　張應宿 鳳陽人

施于政 江南人　嚴斌美 建平人　張義

陳應昌揚州人

新昌

莫如能宣德中　譚昇景泰中　吳清天順中

趙浩成化中　汪琦弘治中　陳珪

王冲正德中　郭森山西人　王東

侯祖德有傳　聶雄　王中羽

姜操嘉靖中　胡廷瑞　郭珂新城人

廖淳監利人　劉昇華亭人　魏廷輔應天人

唐濟美安遠人　方仕靖江人　顧正傳華亭人

林士弘瓊山人　張彩武進人　楊遇春寧國人

徐瑀華亭人萬曆中　黃佐鉛山人　王鉉

張軒霍丘人　張一英　閔惟忠

林尙澄　王新民邵武人　胡一相

王繼元吉安人泰昌中　葉世賢黃州人天啓中　宗大統江南人

王子明天長人崇禎中　李世宦典化人　陳文俊江都人

周于豳江南人　蕭露湛湖廣人　甘露南昌人

梁光烈肇慶府人

皇清

屠肇基山陰人順治中　蘭起麟嵐縣人　陳起南盧龍人

李承銓　劉呈圖保安人　張星煌

張迂茌平人　張起學馬邑人康熙中　文軾江南長洲人

莫夢生上海人　張維漢富平人　李蕙渭南人

會稽張所蘊山東人順治中　全際昌碭山人　陳調鼎靈山衛人

吳道焜宛平人康熙中　趙璵瑞州人　石今剖興國人

王宗聖遼東人　孫世寧代州人　馮奇昭平人

吳學禮吳江人

蕭山梁弼河南人　孫可毅黃岡人　張霄大興人

周三進淮安人康熙中　汪慶星涇縣人　李拱微遼東人

徐秉政旗下人 趙之弼旗下人 傅之誼涇陽人

賈克昌武安人

諸暨

姚汸江南青浦人 葉永錫同安人 李錦東流人

霍夢松太原人 張炳蒲縣人 丁家茂宛平人

彭聖域莆田人舉人 趙飛熊朝城人 陳名賦江寧人

王颺福山人 張士驥歷城人 彭佐漢陽人

餘姚

鄭居謙寧國人 張吾樟建陽人 沈良賓順天人

生秉政兗州人 姚應遴遼東人 趙承祚西安人

莫琛華亭人 陳雲師莆田人 王學伊長武人康熙中

丁象乾錦州人　劉光顯遼東人　田守一桃源人
余國佐漢陽人　徐秉政旗下人　洪雲行歙縣人
張允泰旗下人
上虞　梁尊孟順天人　沈一道湖廣人　范文炳廣平人
吳緒揚湖廣人康熙中　王衡才陝西人　嚴卓福清人
常師善通州人　丁弘大興人　林卿授候官人
王承縈旗下人
嵊縣　高鳳起黃岡人順治二年歸順仍任縣丞　石起鳳華亭人
季春元靈州所人　趙勉大興人　門有年安平人

胡珏 孝感人　李芬芳 翼城人　王開基 延安人

魏四訖 文安人

新昌 王永桂 句容人順治中　柘宗聖 華州人　王居敬 保安人

齊國士 蒲城人康熙中　朱啓運 江陵人　許建勳 絳州人

楊士杰 光州人　張仁 陝西人　任紹烜

主簿

宋

山陰 范致君 崇寧中任充刑州學教授撰崇寧聖德典學頌　陸游 紹興中

會稽 林日華 紹興中棄官還鄉王十朋以詩送之　徐翊 蒲城人

餘姚 李子筠 有傳熙寧中　陳宋輔 仙居人覺民之子政和初進士首論二蔡坐貶

聶應泰紹興中　王絪

諸暨　吳處厚渤海人皇祐進士嘉祐中任扁其齋曰逍遥而爲之記記載邑志中其他詩文在山川志多稚奇可喜

吳存睦括倉人年次佚

嵊縣　文紘世以下年次佚　劉仕野　吳雍

陳友仁　馬思僖　蔣鐸

刁駿　靳擴　藴林

江儔括倉人乾道中　鄭圭以下年次佚　葉梓

趙崇規太祖九世孫　陳秉禮　趙善恕

鄭伯衍　鄭宰　錢觀光

邊沂　姜强立　趙原夫

李密　陳廸　徐愿 嘉定中

沈文心 以下年次佚　沈文煥　趙必鼎 太宗十世孫

王宇孫　劉典祖　吳松

王鎔　賈煥　藏子文

新昌何清卿 紹熙中　孫子祥 年次佚

（元）時餘姚諸暨稱判官他縣稱簿

會稽孟潼 天曆中　買驢 至正中　毛彥顥 同彭仲宣傳

蕭山王泰亨 大德中　周彥祥 寶婺人至順間孝行政績著稱一邑

劉伯煥至正初　趙誠宛平人有傳

餘姚徐溫以下年次佚　趙麟　張伯惠

王英　張維剛　史孝純

李世寧　尹弼　李椿

段好古　張理　王世敬

蕭政　王思恭　趙增

李讓　鄒潤祖　汪文璟常山人後知本州

方君玉　牛彬天曆中　張志學

唐儁　石抹五十六年次佚　楊文傑

李仲艮　葉恒鄞人至元中有傳　花判官名佚至正中

楊興祖　陳永　傅常鉛山人有傳

程邦民　元生

上虞　孟逞　余自明　時鑑

相京　孫彧　燕桂卿

楊天佐　張光祖　葉瑞

賈謙　史潤祖京兆人　李敏

王應成　李珪　朱珍

諸暨　柯謙天台人有傳　黃溍義烏人有傳　白龍

李質鎮江人至和中　許汝霖剡人至正中　呂誠新安人

嵊

閔濟至元中　董貞　程嶸

周敬之　耿伯通　劉仲達元貞中

楊謙大德中　傅光龍　辛鼎

趙與仁皇慶中　張華　魏恭延祐中

薛艮弼　韓汝揖泰定中　傅借至順中

元大明至元中　魏邦凱　程沖全椒人至正中

徐天錫

新昌

張璉山東人　劉不花大名人　蕭化龍婺州人

李濟饒州人　李德曹州人　張秉彝漢人

唐林平江人　徐元平江人　白茂宜典人

梁裕汴州人　耿誠深州人　高翰相州人

廉鑄　吳元魯通許人　蕭將仕

尹守約

明

山陰鞠斌永樂初有傳　陸振天順初　陳記成化中

石誠　開銓　趙慶

劉琚弘治中　徐鼐　王世貝

徐梁　李範　陳鑰正德中

張銳　匡直　張灶

田秀嘉靖中　王世隆　施容

賀恩　李浩　楊世昌盱眙人

黃復亨　胡鑾　吳宗周陸州人

葉士元　崔舉膚施人　陳一中龍溪人

董乾　彭思揚安仁人　譚紹基四川人隆慶中

禹貢　王澤萬曆中

楊夢奇寧國人由貢清慎無染邑人思之　王鯉

范旹　胡遜志貴池人　王公繩

陳如圭　查起禎　程章

劉守謙　曹守嶽　吳士謐

靳夢奎　栁棐天啓中　呂榮賓

梁峻　譚文華　魏邦儒崇禎中

許長春　包大善　陳詿

楊爲棟

會稽

鍾弼洪武中　潘希禹永樂中　趙慶

劉魁　王宗器　龔艮天順中

黄仲成化中　劉聚　吳誠

陳端弘治中　曹憲　黃禎正德中

穆昺　曹震　易昶

張傑　楊晉　趙鎰嘉靖中

鍾仕遠　蔣環　徐節

盧紘　錢可勤丹徒人　張恩應天人

陸玠廣西人　安守義思南人　楊初亳州人隆慶中

王建極亳州人　唐自治華亭人　唐琦陽山人萬曆中

趙令　汪太平　馬仕元

李憲章典化人　浦謨常熟人　劉璉

馬士忠　楊爲麟天啓中　沈必善崇禎中

蕭山張執中洪武中　師整汶上人　李翔永樂中

周仁南昌人正統中　商顯祖洛陽人成化中　劉守正泰安人

羅志貴州人　蘊綱正德中　任俊

葉芳全山衛人　高仲芳宿遷人嘉靖中　鄭沂武進人

王艮弼西安人　王九敘陽曲人　王尚志永城人

劉應科西和人　張塘陽城人　程鐣黃梅人

吳臬餘干人　俞鉞常熟人　張沛嘉定人

胡祥睿上游人　祝廷實荊州人　朱煥章六安人萬曆中

胡元學黟縣人　康承學祁門人　朱登墀上猶人

孫音錫婺源人　汪柱休寧人　周武成南昌人

傅金臺高安人　狄期進溧陽人　張廷華南昌人

彭啓江上饒人　許蕭鳴廣德人　許經邦廣德人

孫尚賓江都人　汪應瑞歙縣人　朱尚賢晉江人天啓中

李光先臨川人　呂應鯁旌德人　魏思信徐州人

陳可羨六安人崇禎中　傅調元豐城人　吳三省休寧人

陳隆極

餘姚

秦猷舒城人永樂中　張祥泗州人　金翥宣德中

王典　　吳成正統中　　許文

李顯天順中　　陳諒　　張勛有傳成化中

方旋　　趙奎　　陳聰

喬嶽弘治中　　梁紹　　劉希賢宣城人有傳

劉希賢復除　　陳瑄　　張世忠正德中

彭蘿　　任恩　　朱鐗

陳泰嘉靖中　　彭英　　詹鵬歙縣人

李光義清水人　　繆鳳　　孫相

朱臣　　張恩　　竇槃

淩東漢　汪肥　方滜

姚濂隆慶中　孫旦　李序

馬元齡萬曆中　宗周　路汝讓

王雲同　顧應乾典化人　張卿

孫承宣　傅如霖　陳嘉訓

程尚友　汪文耀　王三聘

傅中倫　吳文鼎天啓中　陳夢洙

何至大　龍尚袞崇禎中　鄭國讓

吳第先　林紹震　朱鋐

上虞

白惟弩洪武中　韓雲　史文郁

崔子敬　李煦　徐奐文

姚文用　姚德行　夏令永樂中

劉仲環　方端宣德中　周澄

田茂景泰中　賀珣天順中　林欽弘治中

陳恕　王珣　劉一中正德中

衛儒　王文室太原人　陳紹阜延平人

蔣士忻　鄭瓏嘉靖中　張德陝西人

夏曦長洲人　胡坤　閔廷才萬曆中

周邦相安福人　姜文華以下年次佚　閆誠
何進　劉自新　喻棟
張鳴鳳　陳懋科　程以達
謝承嗣　石應堠

諸暨

魏忠滁州人洪武中　史子疇有傳　喬升淮甸人宣德中
榮世華　鞠茂登州人　劉恂
萬師尹自尉遷宣德中　李茂弋陽人正統中　李雅侯官人天順中
李謙衡陽人　齊子芳　任弘道磁州人
甘燦閩人成化中　鄭欽閩人弘治中　謝成延平人

楊華玉山人　陳椿遼東人　龍雲靖州人正德中

宋天與閩人　汪淪大理衞人　俞江吳江人嘉靖中

郭珙鳳陽人　潘思敬廣西人　潘文節弋陽人

方凱合肥人　李幹茂名人　方文淵貴溪人

劉瑄太倉人　鄒勲吳江人　彭懷初青城人

習節峽江人　王道貞寶應人　葛自訓桃源人

李譽　陳鑛　李思誠豐城人

董德隆德興人　丘可詔上杭人　華一孝即墨人

朱楊訓　徐治隹　魏邦佐

周文煒 天啓中　汪應第 休寧人　龔國瑚 江西人崇禎中

陳承憲　錢宏基　余堦 江南人

周德龍 吉安人

嵊

張道安 洪武中　康寧　徐遠成 清流人正統中

馬典 眞定人天順中　劉清 山東人成化中　馬騰 文安人

牛麟 永平人　郝達 懷慶人　鄭瑀 惠州人弘治中

周仕祖 莆田人　遲銘 高郵人　阮淮 池州人

沈瀾 如皐人　張鵬 正德中　韓椿

黃通　江紀　朱組 華亭人嘉靖中

符廷祥曲阜人　秦錫祥符人　張大典典縣人

朱顒　夏金　姜偉

譚章　宗之鳳　韋希舜

郭璘贛州人隆慶中　吳祺無錫人有傳　汪一鳳萬曆中

張羅　楊慎春　鄭軫南城人

林顒香山人　邢箴　許佑嘉定人

張文洛　陳大禮　章文選宛陵人

魏繼孝　孟景熙

新昌曾衍有傳洪武中　於仕進　郭讓永樂中

李鏜成化中　任志　李盛之弘治中

周聰

明末裁缺今仍之不設主簿

尉

吴

上虞　華覈武進人有傳

唐

山陰　崔國輔元宗年　孫逖年次佚

蕭山　丘丹臨平人永泰年

諸暨　嚴維山陰人

宋

山陰　翁仲通治朱儲陡門　鄭嘉正福清人俠之孫紹興中任以幹理稱

會稽　喻叔奇王十朋有贈詩并序　梁安老擅詩名見邑山川志　徐次鐸有傳慶元中

趙與懽嘉定中任附次鐸傳

鄭虎臣吳人德祐初賈似道得罪詔貶高州團練副使循州安置遣尉監押虎臣以父讐欣然請行窘辱似道靡所不至卒殺之于木綿庵時論快之

蕭山　宋昌期行縣尉兼主簿　游酢建陽人元豐中有傳　丁大全

餘姚　葛艮嗣麗水人嘉祐中　楊襲璋附李子筠傳　史浩鄞人

魏杞俱紹興中　沈煥定海人隆興中任後移上虞尉

趙伯威紹熙中　陳鍾慶元中　史彌迥嘉泰中

范金嘉定人　趙時鏑　葉鑄寶慶中

張士遜景定人　吳化龍咸淳中

上虞方申伯政和中　孫廣年次佚　沈煥定海人乾道中

薛冦年次佚　錢績　薛思魯

嵊吳秉以下年次佚　宋易　薛鎡

潘晝　牙閱　楊炬

程衍　侯祀　林懋能

祝溥　陸釜　師顏

吳正國　張永　魏興祖

楊文隆　張芝孫　張德羽

劉次中　謝深甫有傳　趙師向太祖八世孫

陳紀　于汝功　鍾闠

林昇　向士貴　趙壆

錢聞善　胡之邵　宋元老

趙崇元太宗九世孫　支文　趙彥垠

吳元章　任謙之　黃飛

姜漸　邵三傑　汪之榦

趙善士太宗七世孫　孫寬夫　趙時遹

向儀　曹良慶　趙必巽太宗十世孫

李補　施復孫淳祐中　於珍

徐涘

元

時餘姚諸暨尉稱吏目他縣有尉又有典史見元史百官志今各縣志獨有尉惟上虞新昌二志尉與典史皆備云

山陰　李艮佐年次佚

會稽　洪鈞天曆中　王恭至元中

蕭山　王振大名人大德中任明決有爲建學著蹟　陳英至元中

餘姚　馬驥鉅野人至元中移嵊尉　張彥恭至治中　楊嗣宗年次佚

陳天珏天曆中　沈思齊至順中　陳彬至正中

李致堯　席齊卿　章伯高

顧有

上虞吳源以下皆尉　張與　馬鯨

王政　楊誠　朱晉臣

翟諒　翟居德　耿聰

劉仁　陳甫　袁居敬

趙元齡宛丘人有傳　鄭仲賢　張學禮

董祥　楊孟文　吳質

曹處恭　酈士銑　沈浩以下皆典史

貝處仁　苗得實　蔣新

朱瑞　王瑞　王顥

趙璧　葉懋　毛克巳

王翼　吳文慶　李雄

徐文華　鄭元慶　湯國清

張彬　徐天麟　陳拱

吳貴　邱榮　翁鍾榮

葉廸　周善富　劉榮

周德允　王允中　高文華

徐文烝　王世英　陶煜

嵊張棟至元中　韓進　馬騏以廉幹聞父老立碑記其蹟

范天祐　孫應慶元貞中　郭忠

張元嗣大德中　張德溫　胡漢卿延祐中

徐垓　佳崇善至順中　葉仁元統中

謝元琮至元中

新昌信桂以下皆尉　劉子傑　郭居敬

蕭康鈞　曹寓　王珍

康孝祖　郭亨　李崇訓

宋居敬上虞人　費良能　李忠

師紹先　阮鉉保定人　張鼎新南昌人

袁居敬下皆典史　李世吉　張智

趙淮　范義　吳俊亨杭州人

劉澤　辛大用漢州人　呂從義

李椿　吳澤諸暨人　李毅

王顒　馬天驥　侯章江陰人

趙裕淮人　趙瑞溫州人　鮑文嚴州人

毛文瑞衢州人　徐世榮建州人　趙岳處州人

陶浩 宣州人　陳屋 常州人　余必榮 徽州人

曾唯　邵信 饒州人　胡澄 湖州人

冷復 高郵人　洪可 台州人

明

山陰

陽春 有傳洪武中　黃昇 有傳永樂中　周源 成化中

崔武　劉壽 弘治中　丁順忠

黃憲 正德中　高忠　翟文鳳

許德嚴 嘉靖中　王瑚　方伯昇

林公輔　王京 壽州人　高滙 江都人

王應可 莆田人　于尙文 遷安人　王愷 六安州人

林文漢閩人　何湞隆慶中　黄鍊

王淑卿崑山人萬曆中　秦邦恩　萬言中

黄應科福清人　吳友賢　吳洪

唐學書　林梓　汲士望

林時盛　李渭　吳挺秀

李逢春　劉謨天啓中　翁元輔崇禎中

劉美　涂國泰　閻汝哲

邢應期　王一賓　黄如金

會稽

鄒魯鳳陽人洪武中任後陞本縣知縣　趙斌永樂中

高彬成化中　伍安　張弘弘治中

孫溫　李祥　徐傑正德中

張以倉　林祥福　吳德嘉靖中

李廷芳　王璧　林希俊

游世華　吳成器休寧人遷府判　朱自强棠陰人

李炳豐城人　盧梁潛山人隆慶中　張欽合肥人

高文秀萬曆中　李慧　何誨高安人

潘文進　陳所任　林大用六合人

李大德和州人　李萬福建人天啓中　陳忠湖廣人崇禎中

裴必茂江西人　鄒咸恐順天人　張其亮江南人

蕭山

陸靖涯洪武中　李應斌永樂中　謝昂成化中

張輿弘治中　吳傑正德中　鄒仲和嘉靖中

劉恭　陳吉豐城人　陳舉懷遠人

周鼐信陽人　李銓安仁人　龔綬丹徒人

王元貞盱眙人　秦大艮臨淮人　張奎巴陵人

陳清莆田人　朱會莆田人　魏勉南昌人隆慶中

蔣思澤全州人　任滓豐城人萬曆中　王朝賓侯官人

杜邦無錫人　徐閔吳江人　俞朝器福清人

魏邦謨　蔡璟鎮東人　嚴思忠吉水人

吳楝海州人　徐懋德華亭人　陳梭懷寧人

劉繼先南海人　馬元圖溧陽人　陳所聞五河人

陳九思陽翔人　龔誥高郵人　周應寵南陵人

嚴有威吳縣人天啓中　李有實莆田人　郭尚智吉水人

龔文斌邵武人崇禎中　林棲鳳南城人　余烇文德興人

顧天源崑山人

餘姚

劉勉正統中　楊茂　高敏天順中

胡睿　張聰成化中　陳瑞

林富　曾瑛　李才鼎

郭宏弘治中　唐榮　葉香

徐真正德中　李成　張魁松江人

陳佐　于詢嘉靖中　劉文璁淮安人

歐陽京太和人　吳富　李鍾

彭達　何頤　高克修

胡大寬隆慶中　胡楦　梅守儉萬曆中

涂經　黃佐　李從秀同安人

張可繼　陳舜綱　劉治

劉銑　楊如璋　潘一鳳

張思麟　鄭登輔　王三才

俞允文天啓中　林雲章　汪有翰崇禎中

李如泲　諸秉中　李卓達

任世英

上虞

倪弼洪武中　王政　楊澄

蕭政　師高昌　張穀

林原　賀珣天順中　張翰正德中

穆崧　楊詔豐城人　袁震

吳鳴鳳蘄州人
俞桂典化人
潘正海

徐廷芳
林泰
張實

鄒仲篪萬曆中
史璣金壇人
譚清

張智鳳陽人
胡浩儀封人
尹洪沭陽人

陳釗高郵人
傅海灤州人
劉相莆田人

陽美
林九思莆田人
程時舉寧國人

陳時善
湛汝魁贛縣人
陳舜田銅陵人

張志艮丹徒人
樊漢上海人
謝國徵華亭人

諸暨

張仲文
楊德仁
謝琰永樂中

萬師尹南昌人　汪朝源歙縣人　徐麒武進人正統中

喬斌　楊彬貴溪人　杜恭遂縣人成化中

張象　鄒魯直隸人　林斌福建人

譚忠南雄人　吳家淇閩人　廖忠新淦人

高玉邳州人正德中　于浚沭陽人　李朴吳縣人

王原鳳翔人嘉靖中　徐輻永豐人　盧潮柳城人

潘子祁廣東人　高榮詔湖廣人　陳儀舒城人

許日恭莆田人　李時陝州人　何錄南昌人

羅江巴陵人　曾應祐豐城人　賈廣壽州人隆慶中

陳善衡陽人萬曆中　胡思漢　甘伯龍

汪東巖石埭人　王恩溧水人　周天賦莆田人

王大成　周志遠　單應龍

楊宗周　陳密　高斗

魯國仕天啓中　孫耀楚承天人　周延祥崇禎中

姚士謙廬州人　陳聖修莆田人　王一賓涇縣人

嵊

石友璘洪武中　舒紳池州人宣德中　王綜正統中

符緯　馮和清流人景泰中　陳彪河南人天順中

唐琛廣東人成化中　劉雲山東人　趙鉞上海人弘治中

戴鎬星子人　張京　蔣俊平江人

鄒崑正德中　吴榮　劉玉

貢悅　韓景宣鳳陽人嘉靖中　馬容淮安人

盧崑莆田人　鄭誠　鄭伯卿福建人

蔣銀湖廣人　徐紱常州人　李大節應城人

孫汝明　徐紳　陳周嘉定人

周守陽永新人　羅位　李暘

傅秉伊上高人　孫敬高郵人　何欽

王文華　湯邦啓　蒙嘉約

熊國寶　戴豹仙遊人　李宗舜豐城人

馬載道　黄維翰　張尚緒

趙艮璧涇縣人天啓中　姜堯　王璵選崇禎中

白彤郁陝西人　郭邦鎮福建人　程弘道新安人

李永春　楊時中

新昌

鄒端豐城人景泰中　龔銘成化中　鄭延光

石昂弘治中　葛清　卜箎江都人嘉靖中

趙祿德州人　朱禧上海人　劉曙高要人

孫仲仁和州人　李烱邵武人　張若虞莆田人

姜啓文餘干人隆慶中　危子儀建寧人　朱琳當塗人

吴源歙縣人　汪林　劉淙豐城人

楊致中　施盛　富好禮

陸亂昌　王家光　張遂志

黄思聰　劉日剛江西人天啓中　王道煜

周大受崇禎中　張士榮嶽州人　徐漢中濟寧人

胡來順黄岡人　金廷亮休寧人　涂國順南昌人

黄貞

皇清

山陰　周士奇順治中　胡思敬　項之俊江南人

柯重華江南人　叚文繡直隸人康熙中　林鳳鳴福建人

戴文賓陝西人　嚴明忠直隸人　苑新命直隸人

會稽　黃貞順治中　侯國封　葉世德

任文光　陰如恒康熙中　馬麒直隸人

王大謨山東人　張印聖山東人　王治直隸人

王錫祿河南人　吳永紀直隸人

蕭山　白琦直隸人順治中　姚修實江西人　張志道江南人

繆有慧直隸人康熙中　張嘉楨陝西人　劉烱山西人

劉瑄河南人　馮愷經直隸人

諸暨　郝朝寶山西人順治中　段國寵直隸人　張添增興安人

郭用奇山西人　張星垣陝西人康熙中　胡士琪直隸人

方象員江南人　劉起鵬山東人　李繼增山東人

朱道立直隸人　杜斌河南人　朱光祖直隸人

張俊河南人　宋國弼直隸人　任儉山西人

餘姚　王思聖江西人順治中　劉大功德建人　廖康方福建人

金士俊直隸人　魏在陽陝西人康熙中　陳文煥江南人

于作礪山東人　王含光江南人　朱用梅直隸人

樊楠棟直隸人　倪旭初直隸人　尤能直隸人

上虞

賽生彩陝西人順治中　孫晟直隸人　喬福壽陝西人

王朝相直隸人康熙中　張鳳麒陝西人　李茂隆陝西人

張載直隸人　劉子孟山東人　唐學曾山東人

梁統宗山西人　陳豫直隸人　葉文松直隸人

嵊

王垓江南人順治中　彭延祚湖廣人　楊萬程陝西人

周明鼎湖廣人　陳王鼎陝西人　李天錫直隸人康熙中

毛鼎鉉武陟人　支茂直隸人　耿明玉

方憲章　張從訓　董文松

新昌王龍斗遼東人　王永祚順義　陳大道江南人

順治中

潘琦直頽人　嚴三省河南人　陳家棟江南人

紹興府志卷之三十一終

紹興府志卷之三十二

職官志六

學職

古者守令卽爲師師政與教未嘗二也後世政詳於刑賦而忽教化於是以其責委之學官漢唐以來固嘗起黌舍於郡縣而吾越無徵焉前志皆自宋元始明學官監於近代秩雖卑而責專矣

國朝因之至康熙三年郡學止設教授其各縣學大者省訓導小者省教諭十五年復如舊制茲具列其

人如左蕃重之不取忽爾

教授　府學一人

宋

黃彥熙寧中　陳公輔臨海人政和中　劉一止歸安人建炎中有傳

何俌龍泉人紹興中有傳　王義朝紹興中見名賢傳　朱倬閩人有傳

項安世松陽人寧宗時有傳　劉洵直莆田人以下年次佚　林椅麗水人

元

梁相以下年次俱佚　范文英　曾小隱

樓思屋　高榮龍餘姚人大德中　陳景灝諸暨人

楊繪諸暨人

明

朱卓臨川人洪武中　王儼自山陰教諭遷　王俊華有傳

孫貞豐城人　劉章成化中　劉衎

羅璧　方重　凌樞弘治中

張厥中　鄭洪　何璧

吳璽正德中　龔正輔　盧綸

唐鄉　童楷　楊文命

李惟貴大倉人舉人嘉靖中　陶賀樂平人　林顯高州人

秦京武進人　劉瑞蔡　楊世瑞福建人舉人

江貞徽州人　梁以蘅新會人有傳　陳捷南海人舉人

陳宗器富順人　袁希燦峽江人　劉衮監城人舉人

呂恕順天人舉人　平章東昌人隆慶中　顧大典吳江人進士

姜嫌進賢人　曹司勳宜興人進士萬曆中　韓登虹縣人

黃袞莆田人進士　卞邦顯　謝應典莆田人進士

吳可大常熟人　王守勝江西人舉人　孫可賢嚴州人

沈相　郭晃　謝裳當塗人

曾光泰和人　汪夏徐州人　宗世興化人進士

王畿晉江人進士　余塈鄞縣人　梁一元定安人

周士龍武進人　余文榮徽州人　婁九德嘉興人

徐調元平湖人進士　朱九綸遂昌人　沈其選

吴焕　時可諫　田闢河南人進士

胡成翰

皇清

潘拱璧桐城人　馮來章杭州人　馬御月安吉人

張煒如杭州人　李煜烏程人　吴自明

許時化天台人　章一柱鄞縣人　潘弘仁歸安人

張官始仁和人　高鳳翼杭州人　陸鴻勲仁和人

姚廷璧仁和人　顧爾敏昌化人　姚廷傑錢塘人

潘江青田人

教諭各縣學一人　元元貞初餘姚諸暨陞州置學正他縣教諭

宋

餘姚沈希賢咸淳中

嵊解南翔昌州人景定中　洪一鵬天台人咸淳中　孫應家桐盧人年次佚

新昌戴嘉四明人咸淳中

元

山陰孫原燮餘姚人大德中

會稽岑伯玉餘姚人至正中　王希賢餘姚人　王若拙大德中

章桂太定中　陳起宗元統人　張用康至正中

蕭山王燊山陰人至元中　陳處久天台人舉人大德中　李自强餘姚人

趙孟善至元中　戴子靜邑人舉人至正初　趙子漸金華人有傳

王應中諸暨人

餘姚楊友仁延祐中　孔思則至正中　趙德莊
徐雙老　汪焱　劉中可
鄭滓　蔣履泰　趙棣
上虞方仲達餘姚人以下年次佚　黄廷詔三山人　黄和中邑人
李炎午蜀人　徐公著錢塘人　趙與權三山人
陸時舉婺人　張尗錢塘人　談志道越人
史范卿鄞人　張酉先餘姚人　趙文炳剡人
汪與懋鄞人　王叔毅暨陽人　喻舉越人
任士林奉化人　周師式剡人　唐定金華人

厲和甫天台人　嚴重鄞人　陳紹參奉化人
林景仁天台人　張謙三衢人　項鼎之永嘉人
繆元果天台人　戴喻三衢人　潘國賓永嘉人
金鉞永嘉人　史公頤鄞人　王薊金華人
椰元珪邑人　胡德輔邑人　施澤金華人
徐景熙三衢人　余克讓三衢人　孫去棘鄞人
朱渠慈谿人　陳子翬奉化人　陳友諒
鄭桐餘姚人　胡璉餘姚人
嵊
周潛孫　俞巳　何翥邑人

趙文炳　張杰　劉悌上虞人

俞揚　張文發　李子照蕭山人

張蒙亨上虞人　韓悅道郡人　汪宜老慶元人

葉元善溫州人　鄭大觀餘姚人　王瑞

楊仲恕慶元人　徐鵬處州人　胡德助諸暨人

楊至天台人　丁裕鄞人　黃德允太平人

趙復鄞人　趙源　孔克樵鄞人

項昱溫州人　沈讓　趙辰孫

楊國用餘姚人延祐中

新昌潘起 邑人以下年次佚　狄處仁 邑人　戴現 台州人
王遇采 剡人　俞受 邑人　俞公炳 邑人
鄭玲 永嘉人　方夢開 閩人　應詠道
吳大同 上虞人　陸時舉 諸暨人　管景中 台州人
林時中 杭州人　吳天雷 諸暨人　朱成子 剡人
潘一雷 邑人　李幸 仙居人　鍾合 會稽人
舒叔獻 寧海人　宗明義 婺州人　董康孫 杭州人
許敏 眞定人　張泳涯 婺州人　趙嗣照 溫州人
黄楝 台州人　金莘 台州人　陳衍 越人

葉載采至治中　王應及台州人　顔應懽昌國人

程良眞溫州人徐有立上虞人葉德之處州人

劉文鼎婺州人陸可伊溫州人

明

山陰　王儼薦辟洪武中　韓宜可邑人見列傳　何樵傳永樂中有

黄昇宣德中　呂齊正統中　陳祿策景泰中

王志洪天順中　姚艮成化中　嚴彪

陳崇儒　傅廸　周剛弘治中

賴從善　黄仕宜　劉朝典

李文顯正德中　彭僎　崔復秀靈川人

汪瀚 林斌嘉靖中 費寧鉛山人

藺錡楊州人 張佐 諸應朝上海人

王鐸宜章人 羅煥 王朝華亭人

黃志伊番禺人隆慶中 陳善肇慶人 沈質上元人

彭大翱楊州人萬曆中 程蒙吉常熟人 傅良言臨川人

蔣廷堅晉江人 朱璟吉水人 余元錫

陳愈嘉 任元忠 曾士捷崇化人

劉文元平湖人 俞喬桂平湖人 楊德章常山人天啓中

項隆先嘉興人 鄧光復寶坻人崇禎中 鍾鴻頡嘉善人

鄧之鳳南海人　周英天台人　陳瀛仁和人

會稽李仲虞天台人洪武中　蔣鑄永樂中　王原

丘九思正統中　楊必達天順中　陳華玉

趙英成化中　林橙　羅丈

陳崇儒　陳元祿弘治中　徐夢麟

黄相　楊輔邳州人進士正德中　李林松

陳璉　張槩　陳驥嘉靖中

劉有生　陳來　徐櫆淮安人

張鏊銅陵人　陳才沙縣人　劉璞長州人

余城莆陽人　錢廉華亭人　張秉學上海人

陳其範莆田人隆慶中　劉鈺瓊山人　蔣璠海鹽人萬曆中

黄起先莆田人　徐伯溫蘭溪人　孫性之南昌人

萬曆末年多闕佚不可考

葉杰順德人天啓中　孫啓文九江人　章日輝德清人崇禎中

周祚新貴陽人　胡恒景陵人　王㨗上元人

吳主一義烏人

蕭山

朱右臨海人洪武中　周巽　陳顔仍宣德中

商瑜黄梅人正統中　劉寛太和人景泰中　王讓蘄州人天順中

葉藻山陽人成化中　石正金陵人　鄭遷善莆田人
林有言莆田人弘治中　張桓儀真人　梁魁武進人
楊武嘉定人正德中　萬楷武陵人　蕭仁長沙人嘉靖中
方傑新建人　丁奎華容人　周易貴溪人
朱珀建安人　林則時懷安人　陳僖自嵊遷
成果盩城人　鄔惟疆新昌人　雷沛江陵人隆慶中
龔明紹武人　黄時濟豊城人萬曆中　莊重薊州人
何艮勲黄巖人　應楠慈谿人　魏艮翰德州人
張汝聰上海人　陸光家蘭谿人　汪道克黟縣人

王學孝 龍谿人 金殿 上元人 鄭宗岳 浦江人

尤拔俊 崇德人 汪一駮 臨安人進士 何舜齡 臨海人

孫希賢 壽州人 張汝醇 浮梁人 阮夢日 於潛人天啓中

熊夢登 進賢人崇禎中 朱國華 海鹽人 屠肇芳 秀水人

吳興選 孝豐人 潘允濟 新城人

餘姚 許泰 邑人薦辟洪武中 岑文璧 邑人 施尊

黄金鉉 林觀 寧德人 陳慶 宣德中

程晶 王懋 池州人正統中 高敏 漳浦人

羅昇 太和人景泰中 張崇德 胡塋 龍溪人成化中

姚卓　陳璘武進人弘治中　李烜浮梁人
蕭夔太和人　陳汝玉莆田人　易宗化攸縣人
范魯巴縣人　譚璋臨桂人正德中有傳　吳瑛
梁廉太和人　徐鋭嘉靖中　陳珪
王諫　彭漢　李瑗
李時雍　危麒　潘畤
劉尙平　王球　莊天恩
周大章　梁自新隆慶中　程蒙吉
方齊　徐進堂萬曆中　譚大始

黃墀　何其聰　林一煥

馬應龍　周世臣　霍維成

鮑士龍　王寅賓　錢亂遐

錢逢春慈谿人解元　馮大受　沈祖述

崔嘉天啓中　胡孝祖崇禎中　王廷耀

葉木　張明昌　蔣鳴鳳

趙斂學

上虞

孫叔正洪武中　孫思忠　李仲文

朱升　霍敬　盛安丹徒人

陳英安福人　魏福建安人永樂中　薛常生邑人進士

黄榮應天人宣德中　趙濟　魯巨川太和人正統中

盛景金華人景泰中　顧璉安福人　高應淮安人成化中

趙泰安福人　劉唯貫安福人　陳仲堅

馬慶淮安人有傳　李長源莆田人弘治中　曹佾武進人

趙勣常熟人　胡傑臨桂人正德中　陳轍閩人

白經儀真人　虞楚鄱陽人嘉靖中　張全婺源人

嚴瀚松溪人　邵達道都昌人　趙大華莆田人

葉壽春太倉人　葉廷楧海陽人　陳思學雲南人

劉田長州人　張濤來安人　劉瑱臨安人隆慶中

何天德宣化人　李綸長州人　朱信亮南昌人萬曆中

李志寵晉江人　楊麟邵武人　程克昌星子人

張羽以下年次佚　徐子喬德淸人　溫汝舟

陳睿番禺人　楊于朝雲南人　張列辰辰州人

馬明瑞平湖人　但調元星子人　梁一孚溫州人

張立中　丁汝驤仁和人　吳陶和鄞縣人

俞咨益嘉興人　王有懌金華人

諸暨　陳嘉謨邑人薦辟洪武中　張世昌邑人　陶猾邑人

袁時億東安人有傳　陳誠閩人　麋煩儀真人
任泰巢縣人　羅伯初永樂中　柯長寧國人
成亂吳縣人　包岡三山人宣德中　李崇桂陽人正統中
熊相清江人　江瀹天順中　周祐貴溪人成化中
陳立閩人　黃表　謝黻吳縣人
吳華福清人弘治中　蕭承恭吉水人　甯欽衡陽人正德中
徐中太倉人　聶曼金谿人　黃銑邵武人
胡晟歙縣人嘉靖中　李俊高安人　尹一仁安福人
彭璋崇安人　何忠藎星子人　鄭惟邦侯官人

楊遜 竹溪人　尹魁 永新人　林志 同安人

謝禬 泰典人　王汝振 隆慶中　陳源 南昌人

鄭鄉 當塗人　施宗軻 青陽人 萬曆中　徐應宿 定海人

許希旦　張應雷　龍奮河 青陽人

鄧謐 高安人　高江 杭州人　吾道行 衢州人

何舜韶　湯世亨 江山人　余純照 休寧人 天啓中

於慎行 嘉典人　陸府修 平湖人 崇禎中　范我躬 寧波人

蔡仁洽 仁和人　沈炳文 仁和人　駱光賓 義烏人

嵊

周巽 洪武中　王文合 邑人　湯輔 弋陽人

黃份永樂中　劉士賢　舒仲宣德中

楊贄貫福建人正統中　馮鋋歐寧人景泰中　戴委浮梁人天順中

陳烜閩人成化中　林元立　顧纘莆田人

孫敬　吳泰江陰人　余成潮陽人弘治中

房玉節金堂人　許遐漳浦人正德中　葉欽德興人

王崑宜川人　武旹溧水人嘉靖中　黃仁歸善人

劉以真安福人　蔡于蕃仙游人　王臣南平人

張梅句容人　林朝卿江陵人　喻曉潛江人

雍世哲閩人　王言長樂人　韓天衡涇陽人隆慶中

張維表長樂人　王天和永豐人萬曆中　王振漢

章木　陳塾　楊繼朝

鄧鈙新安人　杜承芳新城人　洪應科定海人

方叔倣莆田人　戴時雍五山人　陳士彥

虞應節永嘉人　金以諫臨海人　嚴法乾歸安人

徐行忠餘杭人天啓中　葉禾秀水人崇禎中　王尙行嘉興人

江養潛定海人　王汝勸處州人　張養淳烏程人

新昌

陳仲初邑人　章廷端洪武中　周彝邑人

饒仲謀永樂中　王安　胡式宣德中

梁矩　王璿　徐研景泰中

王道成化中　葉明　李寅

李澄　譚尚賓正德中　韓鎮

沈霆嘉靖中　陳艮猷晉江人　趙任餘干人

許淵黟縣人　周坤福州人　伍鎰臨川人

段求本廬陵人　陳祿福建人　錢用商吳江人

李祝融縣人　宋六經高唐人隆慶中　王一化

徐漢西安人萬曆中　尹志　金激於潛人

張光宇藤州人　張昊　鮑芷

李良果景寧人　戴于逵　周時禮

應世虞仙居人　張捷河南人天啓中　陸懋功平湖人

毛尙文秀水人崇禎中　高其昌臨安人　呂之節龍游人

李之鵬蘭谿人

皇清

山陰

曾從文仁和人順治中　杜應用西安人　費坡慈谿人

高基重嘉興人康熙中　葉上選慶元人　程士棫

王世耀　蕭亟海鹽人　胡其滐義烏人

林人傑青田人

會稽

袁象嶼 慈谿人順治中　王廷荅 開化人　水有岳 鄞縣人

葉郁然 雲和人　沈象彝 海寧人康熙中　趙耿 烏程人

丁世鳴 長興人　張士鉉 金華人　汪麒孫 錢塘人

戴彥鎔 嘉興人　顧秉堅 嘉善人

蕭山

林喬枝 慈谿人順治中　高駿發 秀水人　朱世英 秀水人

殷森 平湖人　史惟傑 衢州人　俞穎眉 鄞縣人

盛旦 嘉興人康熙中　盧宜 鄞縣人　張州 臨安人

沈節 嘉善人　向懋英 慈谿人　徐琮 永康人

鄭岳 黃巖人

諸暨方杰錢塘人順治中　沈獅仁和人　朱廷謨海鹽人
葛杲錢塘人　王家鼎建德人　章含綸孝豐人
張華海寧人康熙中　姜應珪天台人　嚴增榮仁和人
范維旆石門人　張曾禔海寧人
餘姚張戀華桐鄉人順治中　李仕道遂昌人　陳文高金華人
朱綸平湖人　孫楚如平湖人　袁之龍新城人
闞仙渠錢塘人　徐孟瑚海寧人　沈天錫湖州人
沈惺海寧人　張聯箕新城人
上虞吳一鳳會稽人順治中　王克顓西安人　宋可成於潛人

樊王圖常山人　李煜湖州人　樓立尊浦江人

姜岳佐慈谿人康熙中　汪培錫錢塘人　沈璜石門人

張念仔慈谿人　徐德恂秀水人　徐剛振海塩人

虞景堯嘉興人　金廷石海塩人　虞光鳳錢塘人

沈斂德清人

嵊

鄒謙吉無錫人順治中　陸鳴時錢塘人　費萬程海塩人康熙中

陳泰徵富陽人　張雋湯谿人　盧璉錢塘人

邵聲遠仁和人　朱宸枚

新昌

沈元旭慈谿人順治中　葉英錢塘人　杜煒錢塘人

沈大觀海寧人康熙中　姚廷璧仁和人　蔣琳玉

汪繼燝　陳正宸

訓導明制府學四人各縣學二人國朝止一人

元

會稽喻舉大德中　薛元德天曆中　傅巖至正中

餘姚王性邑人至元中　鄭彝邑人見儒林傳　趙由浩

楊璲邑人見儒林傳　孫阮棠　陳當

蕭山陳適四明人大德中

諸暨張世昌以下年次佚　俞長孺新昌人有傳　陸以道無錫人

包英江陰人

明府學

張辰　諸暨人薦辟洪武中　吳春　梁致育　高要人永樂中有傳

鄭元　宣德中　戴冠　滁州人曾修郡志弘治中　祝杰

吳高　正德中　劉朝綱　吳淳

盧綸　後陞教授　唐溥　羅邦瑞

冷昶　王檝　曹增

劉資　陳箴　侯官人嘉靖中　林文淵

曾昇　南城人　曹曾　陳蕘

蔚材　合肥人　蕭貴用　邵武人　甯璋　南城人

劉廣洙　廣東人　歐陽泮　王臣　延平人

支節蘄州人　童登南京人　程端楷歙縣人

曹尚志柳州人　許棋蘄州人　陳瑞上饒人

徐伯鳳貴溪人　林鈺福建人　詹甘雨東觀人

范鎬衡陽人　劉恩鳳陽人　陳銓福建人

杜元亨福寧人　李曉　黃金艮高郵人

陸思明華亭人　張鑑泰州人　陳塏福寧人

楊紹肅湖廣人　王言靖江人隆慶中　劉應夢信豐人

施仁龍溪人　林德夫龍溪人　曾玉璽龍陽人

周鳳來平湖人　陳秉吉太和人　張純湖廣人

謝以遜　廣東人　滕夢鶴　六安人萬曆中　胡昉　徽州人

郭師文　翁源人　侯懷德　曲江人　王尚賓　杭州人

張國紀　湖州人　黃鎮國　杭州人　吳炳恩　台州人

徐楚才　徽州人　陳蕙芳　溫州人　鄒嶽　新淦人

楊守化　鄆城人　李良璇　海陽人　王汝翼　秀水人

戴于庭　金華人　張奮庸　鄞縣人　黃景懽　蘭谿人

章時學　德化人　士俊　東莞人　李名臣　德安人

童養蒙　烏程人　周應祥　象山人　章汝成　富陽人

徐薇　龍游人　駱庭縉　四川人　楊學林

翁大觀杭州人　劉洪鑛海鹽人　秦弘忠秀水人

趙德榮武進人　趙稽古棗陽人　劉澤清遼東人

夏亂翀嘉興人

山陰

陳韶蕭山人薦辟洪武中　薛正言新昌人薦辟　王受益有傳

李斌正統中　李伯璵　郭鄭景泰中

鄭浩天順中　李珏　譚淵成化中

謝芳　李寅　鄭逕

徐貴弘治中　崔紀　朱鴈

方芬　賴紹　黃聯

鄒覲　黃式　徐棨正德中

李淮　吳瑛　李文明

熊新　劉鳳鳴嘉靖中　王昇

陳文瀚　鍾爵　鄭克泰福清人

芮褒　郭弘愷　高中孚太倉人

張朝理　何溉　葉文科

蕭仁太和人　胡朝紳長汀人　張煥

馬勳華亭人　蕭鯨高苑人隆慶中　汪大晃太平人

金伯艮華亭人　張煥松江人萬曆中　吳槐六安人

黃在裘 番禺人　李時春 高要人　王庭黙

陳必用 鄞縣人　凌旣明 安吉人　徐鐸 江陵人

温子傳　陳有孚　陳嘉猷

丘達可　閔仲濂　蔡溥 鄞縣人

陳用貴 臨海人　王材 孝豐人　王可大 松陽人

許炳 石門人 天啓中　莊嚴 嘉典人　徐淶 新城人

徐思復 常山人　孫林 永嘉人 崇禎中　徐時泰 和典人

王成性　余金垣 瑞安人　張邦和 開封人

王萬世 淳安人　駱光賓 義烏人　林之鸞 瑞安人

朱光治永康人
會稽王在餘姚人洪武中　王中永樂中　郭全宣德中
吳文澄天順中　謝芳山陰移成化中　鄒禮弘治中
徐貴　崔紀　吳彰德
彭賢正德中　陳璘　張正
王心　林文昇　詹韶嘉靖中
舒哲　陳善　錢湧
廖應斗　范孝湧　林憲
吳懋臣　羅禮泰和人　彭遵教萬載人

舒秀　徐循序　楊文富
藥惠民　王克一　陶賓臨洮人
張彥欽石首人　鄭薦蕪湖人隆慶中　陸守中金壇人
秦濟淮安人　盛廷弼臨安人　姚佑旌德人萬曆中
房棋鳳陽人　楊梓霄開封人　潘文秀新城人
張紱仁和人　何衡武義人
萬曆末年多闕佚不可考
吳時化長沙人天啓中　李棟處州人　沈煥然
趙賢龍海鹽人崇禎中　王陛潁州人　曹令儀開化人

陳邦綸高安人　舒日新壽昌人　張廷儀開化人

毛元淳松陽人

蕭山周郁邑人洪武中　屠任嵊人薦辟　阮端卿邑人

王翦如皋人　徐端蒙邑人薦辟　高霞華亭人永樂中

陳起邑人　錢復亨　祝以中南昌人

曾本先成化中　李渤浮梁人　丁昊長洲人

查庸太倉人弘治中　蕭綬蕪州人　李璝鄱陽人

劉用蕪州人　李遇春遼陽人　宋禴上海人正德中

何重四會人　余蘊饒平人　高明

吳昂 休寧人　劉禎　蕭瑋 太和人 嘉靖中

任桂 東莞人　龍輔 新淦人　阮文瑱 羅源人

王鑾 衡陽人　劉滌 三水人　周建中 曲江人

楊銳 沅陵人　蔚楷 合淝人　揭琦 廣昌人

姚仁 華亭人　劉宗文 邵武人　吳采 仁壽人

徐演 邵武人　朱金 徐州人　黎仲時 桂陽人

池鍾慶 歐寧人　王師禹 和州人　卞邦顯 武進人

張惟表 長樂人 隆慶中　朱艮相 餘干人　竇守中 壽光人

呂端性 永康人　李早 連城人 萬曆中　羅亂克 淮安人

馬一化 順德人　解子愚 即墨人　李懋仁 太倉人
龍訓 長興人　楊季 天台人　邵元龍 長泰人
傅楠 臨川人　吳一豸 麗水人　侯維禎 臨桂人
張本 麗水人　陳興賢 黃巖人　徐樹 六合人
王事逢 南康人　許寀 太湖人　朱子爕 歸安人
張可憲 於潛人　徐元輔 常山人　高薦 餘杭人
莊儀 同安人　王世魁 金華人　趙希夔 真定人
泰昌中
阮夢月 於潛人
天啓中
江養潛 定海人　潘堯臣 平湖人
周日章 崑山人
崇禎中
譚希天 茶陵人　張應和 浦江人

熊鍾鼎貴州人　潘拱辰德清人　林永春泰順人

張一焜浦江人　張綸利津人　林翹枝慈谿人

許士龍嘉善人

餘姚

趙宣生邑人，有傳。洪武中　王至邑人，薦辟　華彥高邑人

岑宗鶚邑人　單把源　華彥良邑人

王升山陰人　劉叙永樂人　詹頊樂平人　宣德中

華孟勤邑人　正統中　林爾贊莆田人　鄭賢莆田人

童養性德興人　景泰中　王純金壇人　王拱辰　成化中

曹瓚　姚墱　弘治中　林大霖莆田人

俞昂　永豐人　王瑱　上海人　王福　長洲人
方準　浮梁人　鄭光琬　莆田人　正德中　張善繼　懷安人
蕪子受　海陽人　陸懷　烏撒衛人　雷世懋　清流人
詹拱　浦城人　張世宜　懷安人　嘉靖中　謝賢　貴溪人
陳元　龍溪人　毛仲麟　豐城人　劉邦才　慈利人
譚大綱　諸應朝　李時龍
汪梓　張標　宋守元
季允濟　許導　李惠
朱煦　隆慶中　吳憲　梁楞

鍾梧　嚴而泰萬曆中　張瑚

周邦新　王臣　高鎣

閻九經　謝思謙　鄭從善

項邦憲　孫正誼　余暨

鄭楫　李陽溥　蔣沾

錢瑩　盧惟欽　張應魁

王家棟天啓中　張養淳　金道合崇禎中

陳孚嘉　李應日　王國朋

毛倘文　胡自舜　杜如意

上虞 任素邑人，洪武中 黄韶邑人 薛文舉邑人，見薦辟
夏中孚 俞尚禮邑人 臧元安會稽人
趙鳴玉會稽人 陳謨邑人，永樂中 陳秉文
王衡宜興人，宣德中 康勉上海人 郭榷中龍泉人
何林洪閩人，正統中 楊瓛長洲人，景泰中 朱復莆田人，天順中
歐陽進安福人 惠榮長洲人，成化中 潘貴
朱豫安福人 方公瓚莆田人 羅清荆門人
陳緈 王浴沂長樂人，弘治中 蕭尭鄱陽人
張伏婺源人 陸嘉鯉桂林人 陳怡鄱陽人

王朝臣安福人　鄭深正德中　左璧涇縣人
王思明　符璽新喻人　易文元桂林人
彭英萬安人嘉靖中有傳　陸翺太倉人　吳演新建人
林應鴻福寧人　桂薰贛縣人　夏梁溆浦人
曾舟太和人　王守業寧縣人　王仁諫太和人
張會分宜人　周廷詔巢縣人　唐斂上海人
孫榮職鄭州人　朱瓛宜春人　金九皋武進人隆慶中
俞寅無錫人　張文炳江陵人　宋應奎雩都人
馮瑤費縣人　朱灝清遠人萬曆中　張宣臨海人

張仲河東莞人　戴士完鄞縣人　謝璿建安人

武順元來安人　章文烝石埭人　蔣艮知東陽人

范光宙石門人　陸官石門人　尤存古嚴水人

周文忠臨海人　李培嘉興人　蔣明臣溧陽人

馮畤薦　汪金韻　林士善台州人

潘士鎔　劉進官遼東人　章惟學

黃閱麻城人

諸暨

陳皣洪武中　陳蕘　孟時邑人

郭日孜邑人　姚珂邑人　郭同邑人

梁棟郡人　舒魁天台人　林密閩人
張禎京口人永樂中　楊澄福建人　周晃
吳端壽張人天順中　謝樂山　王昌順
方濬莆田人　朱旻崑山人　李永有傳成化中
李謙廬陵人　吳英宜興人　林鑑海陽人
周澤太倉人　陳洙莆田人　丘雍邵武人弘治中
王恂應天人　湯景賢應天人　曹英崇仁人正德中
錢山當塗人　王雍太和人　俞旺順昌人
王輔海康人嘉靖中　袁塘祥符人　吳秉壽歙人

雷萬石　王聰安義人　侯崇學曲江人

陳頡　曾漢陽江人　孔載通州人

王朝宗江西人　黃堂山東人　袁勛豐城人

施乾元宣城人　劉龍興化人　呂中蕊南海人

雲行廣德人　王自修上蔡人　熊祥安義人

劉培江都人　廖志道上杭人　畢諾大河衛人隆慶中

鄭鄉當塗人　楊坡無錫人　高桂無錫人萬曆中

顧世承華亭人　丁世臣長洲人　凌寰

譚任　謝國泰　許松

朱道亨 石門人　吳台 榮昌人　陳愈賢

徐一龍　馬應羲　周之藩

俞同德　何一棟 江山人 天啓中　何天恩 崇禎中

曹濬　施于時　張作相

陳士毅　王化民 麗水人　王允勝 處州人

嵊

錢莊 洪武中　施震 天台人　胡愚 鄞人

王蘭 邑人　吳元亮 仙居人 有傳　周詢 廬陵人 正統中

王敏 河南人 天順中　鄭亨 華亭人　李灝 固始人

王洪 江寧人 成化中　連銘 安福人　許昌 同安人

胡啓　南平人　　方輿　廣平人　弘治中　　湯浩　丹徒人

林世瑞　閩人　　周俅　莆田人　　馬玹

歐陽英　太和人　　胡顒　辰州人　正德中　　何隆　邵武人

王佐　臨川人　嘉靖中　　王貢　泰州人　　曾伯宗　東鄉人

鄭琛　惠安人　　許梁　閩清人　　石泰　長沙人

黃積慶　金谿人　　謝恪　當塗人　　張德輝　來安人

江學曾　青陽人　　徐鑾　上饒人　　韋棠　江浦人

陳僖　廣德人　　李瑚　吉水人　　車軒　咸寧人

徐鏵　南城人　　華國章　無錫人　　王天和　有傳　隆慶中

郭克昌盧江人　曹文儒永康人萬曆中　潘恒懼景寧人

傅遜　王汝源歸安人有學行　趙棟

陳賓　張可久　金可器

趙襄詩湖廣人　王致恩分水人　林文華

趙襄合肥人　趙珣東平人　韓鋹浦江人

任汝光寧海人　成克勳直隸人　劉希儒

方一輝淳安人　盧季綰天台人　張聯璧江西人

李洵岳義烏人　陳弘漑安吉人　吳逢時麻城人天啓中

朱文暉臨安人　徐應亢遂安人　蔣龍方湖廣人崇禎中

朱應宸義烏人　周克中定襄人　洪名盛平漢人
王有爲蕲縣人　欽有爵長興人　葉祺乱秀水人
嚴爾衡安吉人　王希岡桐廬人　吳之翰鄞縣人
郭賫贛縣人

新昌

朱濂洪武中　蔡思賢　陳文中邑人薦辟
呂不用邑人見隱逸傳　何友諒宣德中薦辟　郭元亮天台人
李坊景泰中　莫旦吳江人見序志　戴珣
黃芳弘治中　陳曰淑莆田人　王若禹
王瑞　孫達　許紘

黃潛　盧昇正德中　尹潮

朱鉞崇明人嘉靖中　李翺江西人　許效賢莆田人有傳

吳晟東鄉人　吳紳徽州人　徐憲高郵人

陳良材沅陵人　張守仁山東人　孔學周合肥人

李文學上海人　李裕福建人　劉填清江人

余經桐城人　尤琢無錫人　譚璣萍鄉人

董軨泰州人隆慶中　吳朝翰臨朐人　朱綬綿州人

陳棟昌化人　戴邦玉廣德人萬曆中　金激於潛人

羅九敘廣東人　王師古　張斗樞湖廣人

徐英衢州人　胡牧松滋人　彭宣

張本蘭　王芬　毛師聖

吳一機淳安人　王禮　謝承命湖州人

李文選　王光祖四川人天啓中　臧士英長興人

王啓佐湖州人　胡世哲湖州人　蔡孔鑄南康人崇禎中

徐朝偉遂昌人　趙賢藩東陽人　葉明昌雲南人

王丕顯華亭人　林鳳竹慈谿人　劉惟澤安慶人

皇清

府學　吳廷奇壽昌人　王元宰孝豐人　童士秀永康人

童而學　馮鎮鼎秀水人　潘明遴長興人

沈大詹秀水人　張益謨　勞啓鑑石門人

汪繼爆秀水人　陳一笵寧海人　姚德輅歸安人

沈褆歸安人

山陰劉惟澤　曹燕懷海塩人　董治餘杭人

熊開世龍泉人　施夢祺平湖人　王熒嘉興人

陳一笵寧海人　錢彩桐鄉人　李成大嘉興人

會稽朱嘉徵海寧人　程瑒臨安人　張以光開化人

曹之禎龍游人　吳輝　唐彪蘭谿人

查蕙　海寧人　戴彥鎔　嘉興人　張叙　安吉人

蕭山　陸可教　鳳陽人　周嗣愷　西安人　周昌會　鄞縣人

劉敦吉　慈谿人　馬人龍　平湖人　姚德堅　烏程人

錢琇　桐鄉人　謝嗣暉　烏程人

諸暨　朱棟　遼東人　高宗舜　臨安人　徐濟明　江山人

張暉　長興人　蔣鳴雷　建德人　徐煒然　石門人

郁珍簧　桐鄉人

餘姚　吳懋卿　江浦人　唐士佳　蘭谿人　詹敦　開化人

鄭士章　西安人　方運昌　淳安人　裘治音　慈谿人

上虞

林國璋　陸鴻渚龍游人　何應韶桐廬人

董允雯鄞縣人　施之傑天台人　董奕相烏程人

吾浩平湖人　沈寅會歸安人

嵊

江皐佩仁和人　林允文定海人　龔自淑西安人

謝三錫太平人　周雲柱慈谿人　章兆豫

鄧巖貞　郁頲　盛禾

潘調燮　滑崧　滑槤

新昌

朱奕軒烏程人　嚴有德歸安人　潘三極分水人

潘可遷景寧人　王樞江山人　張君照孝豐人

王世耀　韓孔將武義人　李生佳嘉興人

倪瑞錫　項璟　孫謀

錢兆瀛

以上學職自宋元明迄我　國朝其制頗同其人可考也而宋元時又有學錄山長學錄則宋魏亨之上虞人元留堅吳簡松江人稽山書院山長則宋石待旦吳觀陳非熊並新昌人元申屠震陳漢臣俞樾並諸暨人蘭亭書院山長則元王中元山陰人和靖書院山長則元黃叔英徐艮葉顒顒吳人學有端緒尤長于詩龔璛程

鄒戚祖象婺州人高節書院山長則宋徐與隋岑翔龍元張澍山陰人卓爾高王葯劉仲寶桂彥良胡秉常陶安姑孰人應仲珍金止善楊瑛劉彬丁誠陳子昌二戴書院山長則王逼叟連山徐德嘉時應龍葉仲禮朱枋朱道坦謝慶集慶人楊瑞周宗光趙必恭伯顏王仲庸戰惟肅諸人姓名散見史志中而年籍有不可盡核者今姑附錄於此以備其官且不沒其人云爾其間賢有徵者類見諸傳中

職官志七

武職

秦漢時有關內侯賞功而諸郡典武職甲卒則以屬郡尉明之衛侯實兼此二職焉承平久世將子或不習武人皆易之然戰將亦往往間出夫募精勇者或白衣授祿秩既有祿秩且轄戎伍矣設以時程其藝能明賞罰進退之夫孰不思奮不然徒以世賞縻焉更使得以優游覆短非策矣明制衛有指揮使同知僉事鎮撫亦有進都指揮者所有千戶百戶所鎮撫

其初皆以軍功顯

國朝設八旗武職遇有事分遣各省實禁兵之制也

又有漢軍及營將皆統兵以資戰守則滿漢兼用矣

今具列其姓名庶核武者有考焉

明都指揮僉事

紹興衛　吳京　祖達開國功洪武十六年授中所百戶京襲征倭功隆慶元年陞授歷陞廣東潮州叅將

指揮使

紹興衛　黃榮　開國功洪武九年授後以其孫嵩襲中萬曆五年武舉陞署都指揮同知湖廣郴桂守備

杜仕賢　靖難功洪武三十五年授孫希顔襲

白勝　靖難功洪武三十五年授孫木襲

乃彥帖木兒　歸順充小旗靖難功洪武三十五年授賜姓禮孫節襲

方伯　祖成開國功洪武二十七年授後所百戶伯襲征倭功嘉靖某年陞授歷陞廣東參將

俞世隆　有邊功萬曆五年授

臨山衛　李璋　靖難功永樂元年授孫文升襲

王[木罷]矢　靖難功永樂四年授孫施仁優給

馬自道　祖成靖難功洪武三十五年授指揮同知自道襲征倭功萬曆二年陞授子如錦襲

觀海衛　胡守仁　祖應海開國功洪武二十一年授百戶守仁襲征倭功嘉靖四十二年陞授歷陞都督僉事浙江總兵後回衛

孫得旺　靖難功洪武三十五年授孫
蓋臣襲陞直隸劍家河把總

王義　靖難功洪武三十
五年授孫穆襲

丁世恩　祖貴靖難功永樂八年授指揮僉事世恩襲
殺倭功嘉靖四十年陞授仍署都指揮僉事

指揮同知

紹興衛　馮成　開國功景泰元年授孫
大紀襲陞署指揮使

陳興　靖難功洪武三十五年授
孫應武襲陞署指揮使

察罕帖木兒　歸順征蠻功洪武二十七
年授賜姓戴孫應吉襲

胡玉　開國功洪武二十
六年授孫應元襲

臨山衛　趙全　靖難功永樂二年
授孫九恩傳給

觀海衛

梁順 靖難功永樂元年授孫守愚襲陞直隸副總兵回衛

楊官顯 靖難陣亡功永樂四年授孫樹助優給

火瑛 祖旺開國功洪武某年授指揮僉事由河南山西調瑛襲征賊功景泰三年陞授孫天順襲

指揮僉事

紹興衛

成德 開國功洪武二十七年授孫大器襲陞台金嚴參將

何聚 開國功成化元年授孫天衢襲　劉勝 開國功洪武二十六年授孫巨安襲

曹慶 靖難功洪武三十五年授孫應魁襲　王干成 靖難功洪武三十五年授孫雲鰲襲

李驢兒 靖難功洪武三十五年授孫三省襲　張三罕 有邊功永樂七年授孫全忠襲

胡大受 征倭功嘉靖四十五年授

臨山衛

李允 歸附陣亡功洪武十八年授孫逢春襲

楊春 父楊清從軍春代役年深洪武二十七年授孫春輝襲

徐禎 父徐福投附授百戶禎襲追賊功洪武二十九年陞授孫應龍襲

劉得 征越州功洪武二十五年授孫大方襲

戚恕 靖難功永樂二年授孫九皐襲

盛忠 靖難功洪武三十五年授孫世傑襲

賈衡 祖艮臣開國功洪武某年授副千戶衡襲征賊功景泰三年陞授孫祥襲

馬全 祖馴靖難功永樂三年授正千戶全襲征賊功景泰三年陞授孫行健襲

崔本 靖難功洪武三十五年授孫科襲

王成 有邊功永樂八年授孫遠襲

張應奎 祖敏有邊功永樂八年授正千戶應奎襲禦倭陣亡嘉靖三十四年陞授孫京襲

毛希遂 嘉靖三十八年武舉陞授署職歷陞參將

林之杞 萬曆十一年武舉陞授署職總兵標下把總

倪國泰 萬曆十一年武舉陞授署職福建把總

觀海衛

秦懋 父葆開國功授副千戶懋襲年深洪武二十七年陞授孫大章襲

吳源 開國功洪武二十七年授孫光祖襲

陳贇 靖難功洪武三十五年授孫邦憲優給

鄭興 靖難功洪武三十五年授孫邦奇襲

栗四 靖難功永樂八年授孫天爵襲

梁保 靖難功洪武三十五年授孫玉襲

王斌 父亮開國功斌受正千戶征賊功景泰元年陞授孫可大襲

潘貴 靖難功洪武三十五年授孫瑞龍襲

李成 靖難功洪武三十五年授孫學顏襲

張羽 開國功洪武二年授孫應選襲歷陞杭嘉湖參將回衛

李會龍　祖整靖難功洪武三十五年授正千戶會龍襲衛倭陣亡弟應麒陞一級襲授

尹國祥　祖璧開國功洪武二十八年授正千戶國祥襲征賊功萬曆七年陞授

衛鎮撫

紹興衛

周巽　開國功洪武四年授孫于德襲

許福　靖難功洪武三十五年授孫應亨襲

李臺　開國功洪武十七年授孫榮祖襲

臨山衛

劉榮　屯種功洪武二十六年授孫萬鍾優給

王裕　有邊功洪武三十五年授孫宰襲

觀海衛

李拜住　靖難陣亡功永樂二年授孫燧襲歷陞神機營佐擊回衛

汪成　靖難功洪武三十五年授孫俊襲

正千戶

紹興

左所

汪勝 開國功景泰三年授孫瀾襲

張福 開國功洪武二十八年授孫策襲

不蘭奚 歸附靖難功洪武三十五年授賜姓張孫世祿襲

中所

董旺 征蠻功洪武三十五年授孫應奎襲

沈秀 靖難功洪武三十五年授孫大全襲

前所

周福 有邊功正統十六年授孫雷襲陞署指揮僉事

余荒歌 有邊功景泰三年授孫登襲

後所

王真 歸附功洪武二十六年授孫應龍襲

三江所

何源 開國功洪武二十八年授孫遵襲

王輔 祖伍小旗輔襲收復縣治功隆慶元年授孫承勳襲

臨山左所

周忠 開國功洪武二十八年授孫良襲

涂壽 開國功洪武二十五年授孫良才襲

右所　張英　征賊功洪武二十七年授孫燦襲

陳勝　靖難功洪武二十五年授孫上策襲

趙珊　征倭陣亡嘉靖四十五年授副千戶陣亡子應科襲加陞署職

中所　高順　開國功洪武二十四年授孫科襲

前所　納達孫　歸附功洪武二年授賜姓普孫文化襲

後所　周旺　靖難功洪武三十五年授孫誥襲

三山所　劉端　靖難功洪武三十五年授虎賁左衛後所宣德三年調孫元卿襲

瀝海所　祁買住　歸附有邊功永樂年授臨山衛指揮同知子真殘疾年降襲孫山襲

觀海左所　傅彬　靖難功洪武三十五年授孫良弼襲

陳椿　祖伯祥歸順功洪武三十五年授百戶椿襲征倭陣亡嘉靖三十七年子策襲陞授

右所　王貴　靖難功洪武三十五年授孫天祥襲

許衡　父冬開國功授百戶衡襲年深洪武二十七年陞授孫陞優給

中所　齊仲美　靖難功洪武三十五年授孫家襲　張林　歸附征蠻功洪武二十六年授孫元功襲

前所　姜興　父雄開國功授百戶興襲永樂二十三年陞授孫京襲

後所　胡得玉　靖難功洪武三十五年授孫思忠襲

龍山所　錢興　父典典雙靖難陣亡典有功永樂八年授孫華襲

王谷　靖難父子七人陣亡功永樂元年孫受襲授又孫鞏圖襲

副千戶

紹興左所　楊榮　開國功洪武二十六授孫城襲　許得成　靖難功洪武三十五年授孫大英襲

唐亨靖難功永樂二年授孫臣襲

右所

董聚開國功洪武二十一年授孫龍襲歷陞廣西都指揮僉事

劉聚開國功洪武十八年授孫意襲歷陞東海把總

解成有邊功宣德六年授孫縉襲

中所

李實開國功洪武二十七年授孫承祖襲　張貴開國功洪武十年授孫文讚襲

楊眞開國功洪武三十五年授孫一經襲歷陞廣東西山參將

前所

楊榮靖難功洪武三十四年授孫大亨襲　周成開國功洪武二十五年授孫懷東襲

張林開國功宣德六年授孫武光襲　李勝開國功洪武十五年授孫木襲

袁全開國功洪武二十年授孫佶襲

後所　朱銘　開國功洪武五年授孫振襲　徐興　開國功洪武二十六年授孫子懿襲

三江所　陶春　開國功成化十一年授孫邦襲　孫福　開國功洪武十八年授孫敏學襲

孫福　靖難功洪武三十五年授孫琯襲

臨山左所　龔政　有邊功永樂十四年授孫陞優給

夏福　一搽集陣亡功　年授孫應期襲納授指揮僉事

右所　張福　開國功洪武二十九年授孫繼恩襲

中所　郝虎　開國功洪武二十七年授孫子龍襲　董十萬　開國功洪武二十三年授孫權襲

棍寶　開國功年授孫卿襲

前所　丁福　靖難歸順功永樂二年授孫世美襲

楊旺祖眞開國功洪武二十九年授百戸旺襲征賊功景泰三年陞授署職孫國威襲

後所

闞成開國功洪武二十二年授孫武卿襲　鄭三靖難功洪武三十五年授孫世勳襲

王鑑祖眞開國功洪武二十四年授百戸鑑襲征賊功景泰三年陞授孫朝宰襲

三山所

王奇開國功洪武三十八年授孫繼先襲

吉禎父禎開國功授百戸禎襲年深洪武二十七年陞授孫有功襲

王進靖難功洪武三十五年授山西太平前衛前所宣德四年調孫乾襲

張和祖福征蠻功年授百戸和襲征賊功景泰元年陞授孫繼勳襲

瀝海所

鄧才開國功洪武年授孫希禹襲

郭旺開國功洪武年授孫啓明襲

高進中　衞陣攻城功[illegible]年授保定中
衞中所[illegible]調孫國禎襲

張義　靖難功[illegible]年授孫彝襲

王守正　祖成征賊功[illegible]年授百戶守正襲征倭陣亡嘉靖[illegible]年子京陞襲孫成學優給

張永　祖貴開國功洪武[illegible]年授百戶永襲禦倭陣亡嘉靖[illegible]年子武臣陞襲

觀海衞

左所

劉聚保　父成開國功授百戶聚保襲年深洪武二十七年陞授孫震亨襲

李六　靖難功洪武三十五年授孫萬全襲

梁材　征倭併征賊功萬曆五年授

右所

黃榮　開國功洪武三十年授孫卷襲

中所

馬龍　開國功洪武二十三年授孫登瀛襲

王山　開國功洪武二十三年授孫有道襲

前所

范谷保　靖難功洪武三十五年授孫天文襲

後所　王宗靖難功洪武三十五年授孫鏻襲　張福靖難功洪武三十五年授孫嵩襲

張榮靖難功洪武三十五年授孫雍鳴襲

龍山所　張忠父吉開國功忠征蠻功年深洪武二十七年授孫信襲

李貴靖難功洪武三十五年授孫應光襲

范奇開國功洪武二十八年子敬襲授孫升襲

所鎮撫

紹興中所　朱子名征賊功景泰元年授孫守恩襲

前所　藍遇春開國功洪武十八年授孫守祿襲

三江所　李興征蠻功正統十三年授孫世全襲　仇保有邊功永樂十七年授孫邦宰襲

臨山

左所　劉能　靖難功洪武三十五年授孫福襲　李達　有邊功永樂十二年授孫春芳襲

右所　孫斌　靖難功洪武三十五年授孫世用襲　胡牛兒　靖難陣亡功子海永樂五年襲授又孫綸襲

中所　鄭大　靖難功洪武三十五年授孫完襲　衛龍　開國功洪武二年授孫魁襲

周書　萬曆五年武舉授署職

前所　李郁　靖難功永樂元年授孫仁襲　徐世卿　萬曆十一年武舉授署職

後所　謝源　靖難功洪武三十五年授孫廉襲　鄭艮　征蠻功永樂十四年授孫濂襲

三山所　王朶烈秃　開國功洪武二十一年授貴赤衛二十六年調盔頭所二十七年又調孫制襲

瀝海所　宋興　開國功洪武二十七年授孫世美襲

王羔兒　有邊功永樂年授孫大成襲

觀海

左所　馬旺　靖難功洪武三十五年授孫世龍襲　張福　有邊功永樂五年授孫應隆襲

陳應辰　征賊功萬曆九年授署職

右所　安貴　靖難功永樂二年授孫萬國襲

中所　刁遇春　開國功洪武二十三年授孫文奎襲　尤祖本　有邊功永樂十八年授孫美襲

前所　解用　靖難功洪武三十五年授孫京襲　陳記僧　有邊功永樂十八年授孫天祿襲

後所　谷成　靖難功洪武三十五年授孫秀襲

百戶

紹興

左所　孫官二　征賊功洪武二十四年授孫奎襲　徐旺　歸附開國功洪武十九年授孫思忠襲

徐福　靖難功洪武三十五年授孫表襲　潘興　開國功洪武十七年授孫直襲

張得林 開國功洪武十七年授孫顯襲

胡璉 靖難功景泰元年授孫統炤襲

朱成 開國功洪武十七年授孫岳襲

右所

范成 開國功洪武二十五年授孫朝恩襲歷陞蘇松遊擊

李伍 靖難功洪熙元年授孫蔓獅襲

彭通 開國功洪武二十七年授孫祖賢襲

李勇 開國功洪武十三年授孫竒鳳襲

中所

張豫 開國功洪武五年授孫尚綱襲

劉翼 開國功洪武十五年授孫鸞襲

施保子 開國功洪武二十二年授孫洽襲

劉貴 開國功洪武年授孫世臣襲

宋興 靖難功永樂十二年授孫良臣襲

陳福 開國功洪武元年授孫上策襲

陸聚 開國功洪武二十九年授孫一元襲

王成 開國功景泰元年授孫懷忠襲

雀安 歸附開國功洪武二年授孫際昌襲

胡保 歸附開國功洪武三十五年授孫紹棨襲

林忠　開國功洪武二十年授孫楝襲

趙童壹　擒奸惡功洪武三十五授孫希襲

前所

蔣景範　開國功洪武二十八年授孫承寵襲

袁勝　開國功洪武二十九年授孫堂襲

李應春　開國功洪武二十年授孫芬襲

王成　開國功洪武三十五年授孫表襲

王德先　歸附開國功洪武三年授孫敏行襲

王勝　開國功洪武十四年授孫承祚襲

石成　開國功洪武二十二年授孫秀襲

陳志忠　開國功洪武十七年授孫大綸襲中嘉靖二十九年武舉歷陞廣東都指揮僉事

後所

楚興　開國功洪武二十二年授孫惟元襲

胡山　靖難功洪武三十五年授孫尚武襲

張貳　開國功洪武十七年授孫光祖襲

周才　靖難功洪武三十四年授孫棣襲

丁四兒　征賊功景泰三年授孫友仁襲

吳昌　歸附開國功洪武十五年授孫振宗襲

繆文旺　征蠻功景泰元年授孫京襲

三江所

張祥　開國功洪武三十一年授孫應奇襲加納副千戸

董細兒　靖難功洪武三十五年授孫琦襲

楊子美　開國功洪武三十一年授孫萬言襲

李宗　開國功洪武十五年授孫光裕襲

袁貴　開國功洪武三十一年授外孫向高襲

袁欽　征蠻陣亡宣德八年授孫光祖襲

張斌　靖難功洪武三十三年授孫友直襲

張二十　靖難功永樂十年授孫繼志襲

劉聚　有邊功洪武三十二年授孫元佐襲

姚受　開國功洪武三十一年授孫師襲

任孝　靖難功洪武三十五年授孫應祥襲

周和　歸附開國功洪武十八年授孫綬襲

李成　靖難功洪武三十五年授孫世臣襲

臨山左所

徐顯　開國功洪武二十年授孫瀛襲

李興　開國功洪武十六年授孫値襲

俞良　征蠻功洪武十七年授孫成龍襲

祝大舉　開國功洪武十七年授孫延年襲

邵旺　有邊功洪武二十一年授孫應龍襲

張興　運糧修城功洪武二十二年授孫柄襲

李海　出海運糧功洪武二十二年授孫茂襲

竇保子　開國功洪武二十七年授孫臨春襲

右所

蘇錦　有邊功洪武二十五年授孫秉彛襲

尤典　征蠻功洪武三十年授孫祖印襲

馬麟　出海運糧功洪武二十九年授孫功襲

陳雲八　運糧功洪武十九年授孫意襲

成仲華　補倭功洪武二十五年授孫名襲

周彬　開國功洪武十一年授孫傑襲

周貴　開國功洪武二十二年授孫萬壽襲

蔡旺　征蠻功洪武十八年授孫文襲

中所

陳貴　北中箭洪武二十七年授孫楠襲

馬小八　靖難功洪武三十五年授孫世寧襲

孫山　有邊功洪武十八年授孫輝祖襲

石松　開國功洪武三年授孫瑛襲

潘貴　靖難功洪武三十五年授孫栻襲

周賢一　開國功洪武十八年授孫公才襲

楊旺　開國功洪武三年授孫春襲

胡榮　開國功洪武十六年授孫旋文襲

前所

王讓　開國功洪武三十年授孫佐襲

錢聚　開國功洪武二十二年授孫如山襲

潘富　開國功洪武二十二年授孫蕃襲

孫銘　開國功吳元年授孫逢吉襲

劉秀民　開國功洪武二十二年授孫朝卿襲

袁遇陞　征蠻功洪武三年授孫怡襲

張隆　開國功吳元年授孫德化襲

後所

陳能　運糧修城功洪武二十三年授孫連襲

曹成　征蠻故子遠補役年深洪武二十四年授孫太襲

張聚　陣亡功洪武十九年子遠襲授孫維翰襲

常德　開國功洪武二十二年授孫經襲

趙政　征蠻功洪武十七年授孫乾襲

楊統　開國功洪武二十二年授孫天祥襲

許寶開國功洪武二十二年授孫國忠襲　馮旺征蠻功洪武十七年授孫泉襲

劉聚征苗功洪武十七年授孫堯服襲

三山所

馬良開國功洪武三年授廣洋衛左所三十一年調孫承勳襲　孫成玉開國功洪武十五年授徐州護衛左所二十六年調孫斌襲

倪福成開國功洪武二十七年授臨頑所本年調孫官襲　湯勝靖難功洪武三十五年授天城衛中所正統八年調孫應龍襲

李成開國功洪武十三年授桂林右衛調孫復隆襲　王文擒逆功洪武二十六年授府軍左衛永樂六年調孫家佐襲

官僧住開國功洪武二十三年授廣武衛永樂二年調孫劾襲

瀝海所

李四兒開國功洪武　年授孫嘉慶襲

何里沙開國功洪武　年授廣武衛左所調台州新河所二十七年調郎以沙爲姓孫沙元佐襲

吳佑開國功洪武十一年授武德衛二十七年調孫大政襲

王添福　開國功洪武　年授府軍後衛水軍所二十四年調孫一忠襲

李斌　開國功洪武　年授留守左衛右城門所二十七年調孫應麒襲

王得　開國功洪武　年授大興右衛二十七年調孫仲義襲

蔣祚　開國功洪武　年授孫廉襲

王榮　開國功洪武　年授歸安衛二十七年調孫仕登襲　周于德　有邊功萬曆三年授歷陞松潘游擊

觀海左所

徐臧　開國功洪武二十年子禮襲授孫大賓襲　王凱　開國功洪武十七年授孫鎮襲

李智　靖難功洪武三十五年授孫國英襲　倪泰　開國功洪武二十九年授孫應奎襲

俞保　開國功洪武二十年授孫燧襲　劉旺　開國功洪武二十一年授孫治襲

田璇　開國功洪武二十年授孫汶襲　劉越　開國功洪武二十四年授孫承祖襲

唐大海　開國功洪武二十年授試職孫武光優給

右所

李均美　開國功洪武三十一年授孫棟襲

王成　開國功洪武二十年授孫尚文襲中

嘉靖四十一年武舉歷陞

都督同知福建總兵被論

汪福　開國功洪武二十年授孫敬襲

孫九思　開國功子誠授總旗年深洪武二十五年陞授孫應龍襲

宋勝伍　開國功授總旗征傷子成襲年深洪武二十五年陞授孫江襲

孫勝　開國功洪武二十五年授孫仲芳襲

徐諒　靖難功洪武三十四年授孫有步襲

甯四兒　開國功洪武三十五年授孫釗襲

伍名遠　開國功洪武二十三年授孫德龍襲

中所

王信　開國功洪武二十四年授孫大成襲

李斌　靖難功永樂元年授孫國恩襲

屈召保　開國功洪武二十年授孫明道襲

鄭留　開國功洪武十七年授孫元吉襲

張富　開國功洪武二十七年授孫國器襲　唐理　開國功洪武十五年授孫耀襲

周敬　開國功洪武二十九年授孫尚文襲　李宗源　開國功洪武三十五年授孫應暘襲

李廣　開國功洪武二十九年授孫如玉襲

前所

汪清　開國功洪武二十年授孫文爵襲　周全　歸附開國功洪武五年授孫世隆襲

陳亮　開國功洪武二十四年授孫時雨襲　秦六　開國功洪武十九年授孫敬賢襲

林信　開國功洪武三十三年授孫夢熊襲　苗張　靖難歸附功永樂元年授孫得雨襲

馮祖一　開國功授小旗子政襲洪武二十八年陞授孫懋功襲　陳中　靖難功洪武三十五年授孫萬言襲

屈貳　開國功永樂五年授孫泰襲　陶勝　開國功洪武二十三年授孫祥襲

後所

童亮　父馮保開國功陣亡亮有邊功洪武二十二年授孫增襲　唐得　靖難功洪武三十五年授孫清襲

許宣 開國功洪武二十四年授孫瓚襲　劉得全 靖難功永樂元年授孫秉忠襲

吳典達 開國功洪武二十四年授孫大本襲　楊老奇 開國功子能襲小旗年深洪武二十年授孫守廉襲

宋得興 開國功授總旗子鉛襲年深洪武二十年授孫德隆襲

完載 歸附開國功洪武三年授孫涇襲　谷文旺 開國功洪武二十年授孫承芳襲

土遇潮 開國功洪武十八年授孫國襲

龍山所

劉典 靖難功洪武三十五年授孫棟襲　陳廣 靖難功洪武三十五年授孫奎襲

朱英 開國功洪武二十五年授孫永明襲　邵祥 開國功洪武三十年授孫上元襲

張慶 歸附開國功洪武十一年授孫天錫襲　黃貴 開國功洪武二十五年授孫金襲

懷伴叔 開國功子斌代役年深洪武二十年授孫忠襲　呂欽 靖難功永樂元年授孫信襲

毛仁美靖難功洪武三十五年授孫錦襲

以上皆明初世職

國朝建置特殊順治三年以總鎮駐府城至六年始奉經制凡城守協鎮並副總

皇清總鎮

吳學禮鑲紅旗下陝西朝邑人順治三年六月任駐府城六年回京

副總鎮

趙登科山西襄陵縣人順治三年任駐府城六年回籍

協鎮

陳一貫正藍旗下遼東瀋陽衛人順治六年任駐府城九年遷江南徐州協鎮

劉永亨都督僉事陝西榆林衛人順治十年任駐府城十六年陞宣府總鎮

姚承德正白旗下遼東遼陽人順治十六年任駐府城後卒于官民甚戴之建有專祠

李禎直隷真定人康熙三年任改駐三江所康熙八年五月仍駐府城十年遷貴州協鎮

鄭勳國遼東廣寧衛籍河南洧川縣人康熙十年任駐府城

許捷徽州籍京衛人甲辰榜眼康熙十一年任駐府城

劉天錫奉天人由將材康熙三年題授雲南都司僉書天錫代輪衛所屯撫兵民賴以全活推陞浙江督標參將討閩有功題授紹協副將本年三月天錫統兵剿撫大嵐巨寇直搗賊巢生擒偽總兵魯朝全龔萬里等又招撫得韓王壽褚楚白等賊招回復業難民無筭任紹六載戢兵衛民尊賢禮士郡人有德邦輿誦

岳鎮邦　陝西人康熙二十二年任

楊汝澄　康熙二十三年任

周復典　康熙二十八年任

吳輝　康熙三十三年任

郭揚輝　康熙三十五年任

何國舉　康熙三十八年任

謝智　康熙四十二年任

陳陞　康熙四十五年任

王鑑　康熙五十八年任

左營都司

張時馨　鐵嶺人順治七年任

趙承基　祥符人順治十年任

王有爵　密雲人順治十四年任

王自功　龍泉人順治十八年任

韓能　大典人康熙十二年任

劉光宸　華亭人康熙十六年任

矯友才　陝西人康熙二十三年任

崔武　康熙三十七年任

張成準　康熙四十四年任

陳國璽　康熙五十一年任

聶三才　康熙五十五年任

孟飛熊　康熙五十七年任

右營都司

宋憲明　遼東人順治七年任

高雄　榆林衛人順治七年任

顧奇勳　旗下人順治十三年任

韓可桂　榆林衛人順治十五年任

齊亂賢　順天人康熙元年任

平有福　旗下人康熙八年任

王德福　真定人康熙十二年任

朱士俊　直隸人康熙十五年任

張明秀　康熙二十三年任

何鳳翔　康熙三十三年任

姜明旺　康熙三十五年任

王友功　康熙四十年任

張玉金　康熙四十七年任

朱兆桂康熙五十四年任

王濤康熙五十六年任

紹興府志卷之三十二終

紹興府志　卷之三十一　職官志